KB089438

시장이 폭락해도 주식으로
'매일' 수익 내기

시장이 폭락해도
주식으로
'매일'
수익
내기

최익수 지음

두드림미디어

　최근 들어 '경제적 자유'란 말을 귀가 따갑도록 들었을 것이다. 경제적 자유! 내가 일하지 않아도, 혹은 일하고 싶을 때만 일해도 먹고 사는 데 지장이 없고 더 나아가 좋은 집, 좋은 차, 좋은 음식 등 풍족한 생활을 할 수 있게 해주는 아주 좋은 말이다. 그러나 그 좋은 말의 이면에는 그만큼 살기가 팍팍하다는 것을 방증한다.

　2020년 코로나19로 인해 전 세계적으로 전무후무한 유동성 공급이 이루어져 부동산, 주식, 코인 등 거의 모든 자산 가격이 급격히 상승해 노동력을 바탕으로 한 월급만으로는 10년을 모아도 서울에 내 집 한 채 마련하기 어려운 현실에 많은 사람이 당황해했다. 특히 2030으로 대표되는 젊은 세대들은 '이생망(이번 생애는 망했다!)'이라는 단어를 쓰며 자포자기하거나 혹은 한탕을 노리며 가지고 있는 전 재산, 심지어 빚까지 최대한 끌어다가 묻지마 투자를 했다. 결과는 어떨까?

코로나19 타개책으로 뿌려진 무제한적 유동성(돈) 공급은 자산 가격의 버블을 만들었다. 자산 가격의 버블은 급격한 물가 상승을 가져왔고, 여기에 러시아-우크라이나 전쟁까지 장기화되면서 본격적인 역금융장세가 시작되었다.

연방준비제도는 FOMC 회의에서 급등한 물가를 끌어내리기 위해 기준금리를 급격히 올리고 있다. 자이언트 스텝(기준금리 75bp 인상), 울트라 스텝(ultra step, 기준금리 100bp 인상) 등 세계화 이전 1980년대 폴 볼커(Paul Adolph Volcker, 그 당시 연준 의장) 시대에나 있을 법한 기준금리 초급 등이 계속되었고, 최근 물가가 조금씩 하향 안정화되는 듯하면서 기준금리 인하 이슈가 있었으나, 이스라엘과 이란의 전면전 가능성까지 대두되고 유가가 다시금 급반등하면서 금리 인하 시점은 계속 미뤄지고 있다.

이로 인해 전 세계 주식 시장은 폭락에 폭락을 거듭했고, 비트코인과 이더리움으로 대표되는 코인 시장은 완전 초토화되어 고점 대비 10분의 1토막이 된 알트코인이 넘쳐나고 있다. 아파트로 대표되는 부동산 가격도 고점 대비 20~30% 떨어졌고, 이는 계속 진행 중이며 단기간에 끝나지 않을 것이다.

이런 상황에서 경제적 자유를 외쳤던 사람들은 과도한 빚으로 인해 오히려 이전보다 못한 경제적 속박 상태에 빠지게 되었다. 그렇다면 정말 경제적 자유는 한순간 품었던 일장춘몽(一場春夢)일까? 아니면 '하늘이 무너져도 솟아날 방안이 있다'라는 격언대로 진정으로 경제적 자유를 이룰 수 있는 방법이 있는 것일까?

최근까지 이루어진 기준금리의 급격한 인상으로 인해 자산 가격이 급격히 하락하고 있고 이러한 고금리 상황이 앞으로 수년 동안 지속될 가능성이 큰 상황에서 급락하는 주식 시장과 상관없이 지속적으로 부(절대 수익)를 창출해 진정한 경제적 자유를 달성할 수 있는 방법이 과연 있을까?

이에 대한 해답은 '**주식 장중 급소 매수를 통한 장중 단타**(데이 트레이딩)'다. 필자는 1998년 IMF, 2004년 차이나쇼크, 2008년 미국발 신용위기, 2011년 유럽신용위기, 2016년 영국 브렉시트, 2018년 미중 무역분쟁, 2020년 코로나19 급락 등 급격히 무너지는 주식 시장과 수없이 많은 중폭의 하락장을 장중 데이 트레이딩(장중 단타 매매)으로 이겨냈다.

아무리 악재가 많고 이로 인해 시장이 급격히 무너져도 코스피와 코스닥 전체 2,400개가 넘는 종목들이 모두 하락하는 것은 아니기에 그날그날 강력한 개별 재료와 대량의 수급으로 강하게 급반등하는 종목들의 매수 급소를 노려 **절대 수익**(시장과 상관 없는 수익)을 얻는 것은 진정한 경제적 자유를 향한 첫걸음이자 완성이라고 할 수 있다.

물론 하락하는 방향으로 수익을 낼 수 있는 파생상품(선물, 옵션, 해외 선물 등)으로도 수익을 올렸고 올릴 수 있지만, 전문 지식과 실전 경험이 적은 일반인들이 접근하기에는 오히려 독(하락에 베팅했는데 반등하면 손실)이 될 수 있는 만큼, 익숙한 상승 방향으로 수익을 낼 수 있는 주식 장중 단타 매매야말로 독자들도 충분히 수익을 낼 수 있는 최선의 방법이라고 할 수 있다.

최근 주식 약세장이 지속되면서 장중 단타 매매를 하는 투자자들이 많아지고 있지만 명확한 기준이 없는 상태에서의 장중 단타 매매는 뇌동 매매로 이어지게 되며 오히려 스윙 및 중장기 투자자보다 단기간에 더 큰 손실을 내게 되기 때문에, 명확한 매수 및 매도 급소에 대한 이해가 반드시 필요하다.

그런데 시중에 나와 있는 주식 책 중 단타 매매에 대한 책을 살펴보면 거의 대부분 이론만 열거하거나 매수 및 매도 급소에 대한 근거가 빈약해 실전 매매에 적용하기가 어렵다.

이 책에서는 필자가 수십 년간 수익을 내왔고 현재도 내고 있는 데이 트레이딩 기법을 명확한 근거를 통해 독자들이 실전에 바로 적용할 수 있도록 최대한 쉽게 설명했고, 가장 중요한 매수 및 매도 급소에 대해서 실전 기법과 함께 그 안에 숨어 있는 세력들의 심리를 아주 자세히 설명함으로써 망설임 없이 매수 진입해 수익 매도를 할 수 있게 했다.

주식에 대해 어느 정도 경험이 있는 독자라면 이 책을 읽으면서 매우 명쾌한 해답을 얻을 것이고, 주식을 처음 접하는 독자들도 처음부터 올바른 방법을 터득함으로써 향후 주식 투자를 할 때 시행착오를 현저히 줄일 수 있을 것이다.

그럼 이 책을 통해 진정한 경제적 자유를 누릴 수 있게 되기를 희망하며, 이번이 3번째 책인데, 책을 쓰기까지 아낌없는 조언을 해주신 두드림미디어 한성주 대표님께 감사드린다.

평생 동반자이자 정신적 지주인 사랑스러운 아내 소연과 예쁘고 건강하게 자라준 예나, 준혁에게 이 지면을 빌려 너무 고맙고 사랑한다는 말을 전하고 싶다.

최익수

차례

장중 단타 종목
선정 요령

파동이란? & 파동의 중요성

주식 매매를 해본 투자자라면 '파동'이라는 용어를 많이 들어봤을 것이다. 파동은 물리학에서 주로 나오는 단어인데 어떤 한 곳의 에너지가 흔들림을 통해 다른 곳으로 전달되어 나가는 것을 말하며 주식 시장에서도 파동은 매우 중요하다. **주식의 움직임은 파동의 형태를 띠며 움직이기 때문**이다.

다음 차트는 〈풍원정밀〉이라는 종목의 3분 차트인데, 구간별로 파동의 형태를 한눈에 볼 수 있다. 각 구간별로 살펴보면, **A구간**은 **횡보 파동**, **B구간**은 **상승 파동**, **C구간**은 **하락 파동**이라고 할 수 있다. 횡보란 옆으로 움직이는 것이고, 상승은 위로, 하락은 아래로 움직인다는 것을 뜻한다.

주식을 포함한 모든 투자 자산은 파동의 형태를 띠며 움직인다. **여기서 중요한 점은 주식의 움직임은 관성의 법칙이 적용되어 한번 파동이 생기면 다른 형태의 더 큰 에너지가 생기기 전까지 기존 파동이 계속되려고 한다는 점이다.**

이것은 **매우 중요한 3가지 의미를 내포**한다.

첫 번째는 **횡보하거나 하락하고 있는 주식을 매수하면 안 된다는 점**이다. 오랜 시간 옆으로 횡보한 주식은 언제까지 옆으로 계속 움직일지 알 수 없고, 하락하고 있는 주식은 어디까지 하락할지 알 수 없기 때문에, 오랜 시간 횡보하거나 많이 하락했다고 곧 상승할 것이라고 예측해서 미리 주식을 매수하면 절대 안 된다. **주식 시장에서 예측은 3, 대응이 7이다.**

두 번째는 상승하고 있는 주식은 더욱 상승하려고 한다는 점이다. 여기에 우리 모두가 기대하는 수익의 기회가 있다. 물론 상승 에너지가 거의 소진될 만큼 크게 상승한 주식을 꼭대기에서 매수하면 기다리는 것은 쏟아지는 매도 폭탄이기 때문에 지금 위치가 상승 초입이나 중반인지, 아니면 곧 하락 에너지가 작동될 상투 지점인지 파악하는 것이 결국 핵심이다.

세 번째는 상승 파동이라고 해서 지속해서 오르기만 하는 것이 아니다. 처음 강한 상승 에너지로 1차 상승이 나오면 당연히 단기 고점이라고 판단하는 투자자들이 주식을 매도하면서 단기적으로 매도세가 매수세를 압도한다. 이때 어느 정도 상승 시세는 뒤로 후퇴한다. 그러나 관성의 법칙이 작용하면서 더 큰 매수세가 매도를 압도하고 이는 곧 2차 상승 시세로 나타난다. 이렇듯 상승 파동이라고 해서 쭉 오르기만 하는 것이 아니고 보통 상승 N자 형태를 보이며 상승한다.

주식 투자에서 **파동은 장중 단타 매매(데이 트레이딩)뿐만 아니라 스윙, 중장기 매매에 있어서도 매우 중요**하다. 주식 시세란 매수세와 매도세의 싸움이며 여기서 이기는 쪽으로 계속해서 에너지가 보강되려는 성질이 강하기 때문에 파동이 형성되고, 형성된 파동을 통해 중요한 패턴이 만들어지기 때문이다.

우리가 흔히 알고 있는 바닥권에서의 W(쌍바닥) 패턴, V자 패턴, 역

헤드엔숄더 패턴, 원형바닥형 패턴, 짝궁뎅이 패턴 등이 파동을 통해 만들어지며, 상승추세선, 하락추세선, 지지와 저항, 돌파가 결국 파동의 결과물이다.

특히 장중 단타 매매에 있어 파동은 가장 중요한 뼈대이며 파동 중에서도 안정적인 상승 파동을 보이는 종목을 선정하는 것이 가장 기본이다.

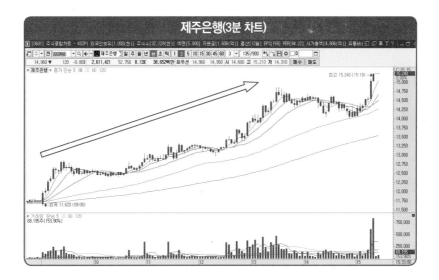

이 〈제주은행〉의 **3분 차트**를 보면, 중간중간 반락이 어느 정도 있지만 상승 추세의 큰 틀을 유지하면서 **전체적으로 상승 파동이 계속해서 진행**되고 있음을 알 수 있다. 우리는 이런 움직임을 보이는 종목을 장중에 찾아 앞으로 설명할 **매수 급소에서 매수 진입해 분할매도 지점에서 매도**(Chapter 05에서 설명)하면 되는 것이다.

그럼 같은 상승 파동의 종목이지만 매수 후보 종목에서 배제해야할 상승 파동의 흐름을 알아보자.

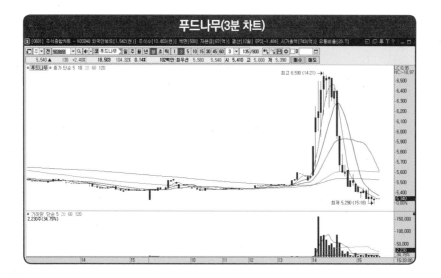

〈푸드나무〉 3분 차트를 앞의 〈제주은행〉 3분 차트와 비교해보면 큰 차이점을 확인할 수 있다. 〈푸드나무〉는 〈제주은행〉과 같이 강한 상승 파동으로 상승이 시작되었지만 1차 상승 파동이 너무 과하게 수직 상승한 이후 지속해서 하락하는 모습을 볼 수 있다.

즉, 이러한 주식은 설령 강한 상승 파동으로 시작했더라도 1차 상승 파동을 확인하고 나서 2차 상승을 예상하며 매수 진입해 추가 상승을 통한 수익을 거두기가 힘들다는 점이다. 당연히 이런 흐름의 주식은 매수 급소 타점이 존재하지 않기 때문에 웬만하면 매수 종목에서 배제하는 것이 중요하다.

그럼 시장의 상승, 하락과 상관없이 매일 강하게 상승하는 수십 개의 종목 중 〈제주은행〉과 같은 종목이 더 많을까, 아니면 〈푸드나무〉와 같은 종목이 더 많을까? 정답은 〈푸드나무〉와 같은 종목이 〈제주은행〉과 같은 종목보다 4배 이상 더 많이 나타난다.

이는 세력의 관점에서 풀이해보면 그 이유를 명확히 알 수 있다. 세력들은 언제나 개미들을 고점에서 매수하게 하고 저점에서 대규모 손절 매도하게 만들면서 수익을 얻어간다. 시장에는 생각보다 상승의 원리를 제대로 공부하지 않고 급등만 하면 앞뒤 안 가리고 달려드는 소위 뇌동 매매하는 개미 투자자들이 넘쳐나기 때문에 세력은 이런 개미 투자자들에게 단기 고점에서 주식을 넘기고 빠져나간다. 세력이 빠져나간 주식은 매수 응집력이 약한 개미 투자자들만 들고 있기 때문에 서서히 하락하다가 결국에 급락으로 끝난다.

또한, 개미 투자자들은 단기에 쉴 새 없이 급등한 종목들을 매우 좋아해서 묻지 마 매수를 하는 경향이 크다는 것을 세력이 알고 있기 때문에 〈푸드나무〉와 같은 단기 급등 파동을 일부러 만드는 것이다.

이제 파동의 원리에 대해 조금 감이 오는가? 그리고 안정적인 추가 상승을 보여주는 파동의 흐름이 어떤 것인지 구별할 수 있겠는가? 아직 낯설고 잘 모르겠다고 해도 걱정하지 마시라. 이 장에서는 최소한 장중 단타 매매를 할 수 있는 뼈대를 갖춘 주식의 흐름이 어떤 것인지에 대한 큰 그림만 이해할 수 있으면 된다.

추가 상승을 위한
강력한 매수 에너지 파악하기

주식 투자의 핵심은 무조건 수익을 얻는 것이다. 그것도 아무런 전략 없이 단발성으로 어쩌다 운 좋게 수익을 내는 게 아니라 지속적으로 꾸준히 수익을 내는 것이 목적이다. 아니면 주식 투자를 굳이 할 필요가 없다.

아무것도 모르고 어쩌다 운 좋게 단발성으로 수익을 얻는 방법으로 주식 투자를 계속한다면 시간의 문제일 뿐 결국 돌아오는 건 깡통 계좌(예수금이 0원에 근접한 계좌)라는 것은 주식 투자 경험이 조금만 있는 투자자라면 모두 알고 있다.

그럼 지속적이고 누적적으로 꾸준히 수익을 쌓아가기 위해서는 어떻게 해야 할까? 이에 대한 해답은 너무나 자명하다. 주식을 사려고 하는 매수세가 주식을 팔려고 하는 매도세보다 압도적으로 강한 주식만 매수하는 것이다.

그런데 T라는 주식이 있다고 할 때, 이 종목이 특정 날짜의 오전, 특정 구간에서 매우 강한 매수세가 들어와서 강한 상승세를 보였다고 해보자. 그럼 이 주식이 그날 오후 혹은 다음 날도 강한 매수세가 들어와서 상승할까?

그것은 아무도 모른다. 상승할 수도 있고, 횡보할 수도, 하락할 수도 있다. 당연하다. 즉, 여기서 하고 싶은 말은 T라는 주식에 매수세가 항상 강한 것은 아니기 때문에 해당 주식의 강한 추가 상승을 노려서 매수할 때는, 매도세를 압도하는 강력한 매수 에너지가 들어오는 **매수 핵심 타점**에만 해야 한다는 점이다.

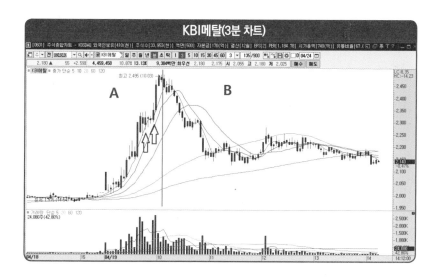

〈KBI메탈〉이라는 종목의 **3분 차트**를 보면, 같은 날, 같은 종목에서 시점별로 전혀 다른 흐름을 볼 수 있다. **A구간**은 매수세가 매도를 강력히 압도해서 지속적으로 상승 파동을 만들면서 추가 상승을 해주는 모습인 반면, **B구간**은 매도세가 매수세를 압도해서 서서히 주가가 하락하는 모습을 보여주고 있다. 즉, 같은 종목이라도 이렇게 시점 및 구간별로 천당이 지옥으로 변할 수 있다는 점을 명심하자.

참고로 **A구간**에서 보이는 **빨간색 상승 화살표 지점**은 강한 상승 파동을 확인하고 추가 상승을 예상해서 매수 진입할 수 있는 **급소(매수 타점)**로, 왜 이 지점이 매수 급소인가에 대해서는 차차 뒤에서 자세히 설명할 것이니 너무 조급해하지 말자. 지금은 매도세를 압도하는 강력한 매수세를 느끼고 확인하는 것이 중요하다.

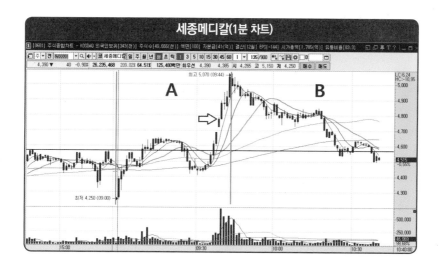

이번에도 강한 추가 상승의 힘을 느껴보자. 〈세종메디칼〉1분 차트의 **A구간**을 보면, 시초가부터 대략 오전 9시 20분까지 강한 1차 상승세가 나온 후 9시 30분까지 반락했지만 처음 1차 상승 폭의 절반을 지켜준 후 다시금 직전 고점을 돌파하는 강한 2차 상승세가 시작된 것을 볼 수 있다.

오전 9시 37분에 직전 고점을 돌파하면서 정적 VI(정적 변동성 완화장치. 나중에 자세히 설명한다)에 진입한 주가는 이후 VI가 풀리면서 강한 **양봉**(빨간 화살표)을 만들고 이후 9시 30분부터 시작된 2차 상승 시세 시작점부터 올라온 폭만큼 추가로 올라가는 강한 상승세를 보여주고 있다.

그런데 이후 흐름은 어떠한가? **B구간**을 보면, 앞에서 그렇게 강하게 1, 2차 상승세를 보였던 주가는 어찌 된 영문인지 힘없이 줄줄 내려가다가 중반부 이후에는 더 가파른 각도로 앞의 하락 폭만큼 추가로 하락했고 그 이후 더 급격히 하락하는 모습을 볼 수 있다.

이렇듯, 장중에 종목 흐름의 상승 시점과 구간을 명확히 인지해 매수 진입하는 것이 무엇보다 중요하다. 앞에서도 언급했듯이, 주가는 관성의 법칙이 작동해서 상승하는 주가는 더 오르려고 하고, 한번 하락으로 방향을 틀면 계속해서 하락하려고 하는 속성이 있기 때문이다.

여기서 아주 중요한 포인트가 있다. 관성의 법칙을 이해했다면 **A구간**의 매수 급소에서 매수하지 못하고 추가 급등할 때 쳐다만 보면서 이 종목을 놓쳤다고 했을 때, 아쉬운 마음에 '이 종목은 아주 강하구나!'라고 생각해 **B구간**의 하락 흐름에서 직전 고점보다 주가가 싸다고 생각될지라도 절대로 주식을 매수해서는 안 된다는 점이다. 내려가던 주가는 더욱더 하락하려고 하기 때문에 힘도 못 써보고 손절하거나 아니면 소위 주식에 물리기 때문이다.

자, 두 번째 예시에서는 조금 자세히 설명했다. 초보 투자자라면 이 설명이 모두 다 이해되지 않을 수도 있다. 하지만 뒤의 **기법 Chapter**에서 하나하나씩 매우 자세하고 섬세하게 설명할 것이기에 조급해할 필요가 전혀 없다.

여기서는 장중 매수할 종목의 강한 매수 에너지를 느끼고 어느 구간에서 매수해야 하고 어느 구간에서는 절대로 매수하지 말아야 하는지를 파악하는 것에 집중하기를 바란다.

주식 투자 경험이 조금 있는 투자자라면 너무 당연하게 여기는 부분일 수 있지만, 실전에 돌입했을 때 과연 **A구간**의 강한 매수 에너지를 느끼고 그 구간에서만 매매를 했는지 되돌아보자. 아마 상당수의 투자자들은 매수하지 말아야 할 **B구간**에서 매수 진입한 빈도수가 훨씬 많을 것이다. 그 이유는 **B구간**에서 매수할 때 앞의 최고점보다 지금 가격이 싸게 보여 마음이 편하기 때문이다.

주식 투자에서 수익을 낼 수 있는 매수 시점은 심리적으로 다소 불편한 지점이며 매수할 때 편안한 느낌이 든다면 그건 세력의 먹잇감이 된다는 것을 명심하자.

본격 시세는 정적 VI
(변동성 완화장치) 이후다!

우리나라 주식은 하루에 정해진 상하한 폭이 있다. 상하한 폭이란, 아무리 좋은 호재가 있어도 당일에 정해진 상한 폭을 넘지 못하고, 반대로 아무리 나쁜 악재가 나와도 정해진 하한폭 이하로는 내려가지 못한다는 것을 말한다.

미국과 같은 선진국 증시에 속하는 주식은 상하한 폭이 없는 경우가 많지만 우리 증시는 아직까지 선진국 증시에 비해 불완전하다는 판단하에 투자자들을 보호한다는 명목으로 상하한 폭을 제한하고 있다.

2015년 상반기까지 우리나라 주식의 상하한 폭은 ±15%였으나, 2015년 중반부터 상하한 폭이 ±30%로 확대되었다. 이전보다 2배로 상하한 폭을 확대하면서 새롭게 생겨난 것이 **정적 VI**(Volatility Interruption, 변동성 완화장치)다.

정적 VI란, 주식에 대한 체결 가격이 일정 범위를 벗어날 경우 발동하는 것으로, 주가의 급격한 변동을 막는 안전화 장치라고 할 수 있는데, 상하한 폭이 ±30%로 확대된 것에 대한 보조 장치라고 할 수 있다.

VI에는 2가지가 있는데, 하나는 동적 VI이고 다른 하나는 정적 VI다. 동적 VI는 직전 체결 가격을 기준으로 2~3% 이상 벗어나는 경우 2분간 단일가 매매로 전환하는 것으로, 2014년 9월 1일부터 도입되었고, 정적 VI는 전일 종가 기준으로 10% 이상 주가 변동 시 2분간 단일가 매매로 전환하는 것으로, 2015년 6월 15일 코스피와 코스닥 시장의 가격 제한 폭이 ±15%에서 ±30%로 확대되면서 도입되었다.

동적 VI가 특정 호가에 의한 단기간의 가격 급변을 완화하기 위한 것이라면, **정적 VI**는 누적적이고 장기적인 가격 변동을 완화하기 위한 장치라고 할 수 있다. (위에서 **단일가 매매**란 투자자 주문을 일정 시간 동안 모아 일시에 하나의 가격으로 체결하는 방식으로, 투기성 추종 매매를 억제하고 미확인 정보에 의한 비정상적 과열 현상을 완화시키는 효과가 있음)

여기서 강한 추가 시세 종목을 찾아 수익을 내는 데 정적 VI는 중요

한 의미를 갖는다. 앞에서 정적 VI는 당일 시가(처음 시작하는 가격) 대비 +10% 이상 상승 시 2분간 단일가 매매로 전환하는 제도라고 했는데, 시가 대비 +10% 상승은 강하게 추가 상승을 하기 위한 최소한의 상승률이라고 할 수 있기 때문이다.

앞에서 주식 시세는 파동을 통해 움직인다고 설명했고, 파동에는 상승 파동, 횡보 파동, 하락 파동, 이렇게 3가지 있다고 했다. 우리가 주목해야 할 부분은 당연히 상승 파동이며 상승 파동 중에서도 뼈대를 갖춘, 즉 제대로 된 엘리어트 파동이 진행되는 종목을 선정해야 한다고 강조했다.

그런데 제대로 된 엘리어트 파동이 나오더라도 무조건 추가 상승이 나올 확률이 높을까? 그에 대한 해답은 강한 상승 에너지가 들어왔느냐로 판단할 수 있다. 그리고 그 강한 상승 에너지를 판단하는 중요한 기준이 당일 시가 대비 +10% 이상의 상승률이다.

상하한 폭이 ±15%인 시절에는 +5~+6% 이상의 상승률이 강한 상승 에너지의 중요한 판단 기준이었지만 ±30%인 지금 시점에서는 시가 대비 +10% 상승률이 추가 상승의 중요한 관문이다.

물론 당일 시가 대비 상승률이 +10% 미만이라도 추가 상승을 보이는 종목이 없는 것은 아니지만 이에 속하는 대부분의 종목은 잠깐

상승하고 다시 제자리로 돌아가는 경우가 많기 때문에 피하는 것이
좋다.

<화승알앤에이>의 **1분 차트**를 보면, 장 시작과 동시에 **상승 갭(전일
종가와 당일 시가 사이의 공간)**을 만들며 시초가 3,805원을 형성했고, 이후
바로 강한 장대 양봉으로 출발해 1차 상승 시세를 낸 것을 볼 수 있
다. 뭔가 강한 상승 세력이 들어왔음을 직감할 수 있다. 하지만 이것
으로 추가 상승이 나올 것을 장담할 수는 없다. 갭 상승 시초가에 장
대 양봉 이후 하루 종일 우하향으로 흐르는 종목들도 상당히 많기 때
문이다.

이후 주가는 시초가 3,805원을 하락 이탈하지 않는 선까지 조정을
보이다가 오전 9시 26분 재차 장대 양봉을 내며 29분 상승 정적 VI에

진입했다. 즉, 시가(3,805원) 대비 +10% 상승 지점(4,185원)까지 도달했다는 뜻이다.

정적 VI에 진입하면, 앞에서 설명했다시피 단일가에 들어가며 2분간 시세가 멈춘다. 처음 경험하는 투자자라면 갑자기 시가가 멈춰 당황할 수 있는데, 2분간 과열을 식히라는 의미로 호가(주식을 사거나 팔고자 하는 가격)만 접수해 2분 후에 접수한 호가 물량 중 가장 많이 거래되는 가격을 시작으로 다시 거래를 재개시키니 걱정할 필요는 당연히 없다.

그럼 정적 VI가 해제된 이후의 주가 흐름을 살펴보자. 우선 정적 VI 이후 9시 32분 첫 1분봉이 중폭 크기의 양봉(종가가 시가보다 높은 봉)임을 볼 수 있다. 이 양봉은 정적 VI 이전부터 형성된 상승 파동과 추세를 이어가려는 캔들이라고 할 수 있다.

이후 약간의 반락 조정이 나오고 다시 본격적인 추가 상승 파동이 나오면서 시세를 분출했는데 이 구간이 본격적인 추가 상승이 나오면서 수익을 극대화할 수 있는 가장 안정적이면서 확률 높은 구간이라고 할 수 있다.

여기서 **분할매도 목표치와 마지막 최종 매도 가격 목표치 설정법**은 Chapter 05에서, 정적 **VI 이후 본격적인 추가 상승 확률이 높은 종목**

의 매수 진입 급소에 대해서는 Chapter 04에서 아주 명확한 근거로
상세하게 설명하니 기대해도 좋다.

그런데 여기서 한 가지 의문이 들 것이다. 정적 VI에 진입한 모든
종목이 이 **〈화승알앤에이〉**처럼 정적 VI 이후에 본격적인 추가 상승
시세를 보여줄까? 이에 대해서는 다음 예시를 통해 알아보자.

〈피제이메탈〉의 **1분 차트**를 보면, 오전 10시 54분에 시가 대비
+10% 상승 지점인 3,585원에 정적 VI에 진입한 것을 알 수 있다. 당
일 오전 9시 시가 이후 약간의 1차 상승과 정적 VI 진입 직전 강한
2차 시세를 분출하며 VI에 들어갔고, 이후 추가로 강한 장대 양봉을
보이며 정적 VI 이후 시세를 주긴 줬다.

그런데 이 **〈피제이메탈〉**이 앞선 **〈화승알애에이〉**와 극명한 차이점

이 늘 보이는데, 그것은 무엇일까? 바로 정적 VI가 해제된 이후의 흐름에서 차이가 난다.

〈화승알애엔이〉는 정적 VI 이후 안정적인 상승 파동의 흐름을 이어갔지만, 〈피제이메탈〉은 〈화승알애엔이〉보다 VI 이후 첫 양봉이 더 강했지만 이후 안정적인 상승 파동의 흐름을 이어가지 못했다.

앞에서 안정적인 상승 파동은 추가 상승을 위한 강력한 뼈대라고 설명했다. 이건 정적 VI 이후도 마찬가지로 적용되며, 다만 정적 VI 이후에 형성된 안정적 파동은 더욱 강력한 추가 상승 에너지도 보유하고 있기에 **상한가**(당일 상승 최대폭, 전일 대비 +30% 상승 지점)에도 도달할 힘이 있다.

　〈이노시스〉의 1분 차트를 통해 정적 VI 이후에 형성된 안정된 파동이 얼마나 강력한 추가 상승을 보이는지 알아보자. 이 종목은 오전 9시 장 시작과 동시에 강한 2연속 장대 양봉으로 시가 대비 바로 +10% 상승해서 정적 VI에 진입했다.

　VI가 해제된 이후 이식 매물 출회로 첫 1분봉은 **음봉**(종가가 시가보다 낮은 봉)을 보였으나 이내 앞의 음봉을 능가하는 **장악형**(음봉을 감싸는 더 큰 양봉) 양봉이 나온 이후 점진적으로 저점과 고점을 높이는 우상향 파동의 흐름을 보이면서 결국 당일 **상한가**까지 지속적으로 상승한 것을 볼 수 있다.

　여기서 VI 이후 진입해야 하는 매수 급소 지점과 매수 진입 이후 분할매도 지점 및 상한가까지 **홀딩**(주식을 보유해서 끌고 가는 것)하는 방법에 대해서는 뒤에서 자세히 다룬다.

이렇듯 시가 대비 +10% 상승하며 정적 VI까지 들어간 강한 에너지를 가진 종목은 어떤 파동의 흐름으로 VI에 진입했는지, 또한 VI가 해제된 이후의 파동이 얼마나 튼튼한 뼈대를 갖췄는지에 따라 상한가까지 도달할 수도 있고, 상한가가 아니더라도 시가 대비 +10%에서 상한가 지점인 +30% 사이의 지점까지 최소 +3~4%에서 최대 +17~18%까지 수익을 낼 수 있기에, **수익을 극대화하기 위해서는 정적 VI 이후**를 반드시 노려야 한다.

사실 당일 단타(데이 트레이딩)을 할 때 많은 종목을 매수할 필요는 없다. 오히려 강력한 추가 상승의 조건을 갖춘 확실한 2~3개의 종목에 확신을 갖고 매수 급소에서 비중을 싣는 것이 꾸준하게 안정적으로 수익금을 극대화하는 비결이라고 할 수 있다.

1차 대시세 확인 후
2차 시세 노리기

앞에서 **장중 단타**(데이 트레이딩) **매수 종목 선정을 할 때, 가장 중요한 것은 뼈대를 갖춘 안정적인 상승 파동과 여기에 강력한 상승 에너지를 동시에 갖춘 종목을 찾는 것**이라고 설명했다.

그런데 경우에 따라서 안정적인 상승 파동은 갖추었으나 상승 에너지가 너무 강력해서 계속 올라가 매수 급소에서 매수 진입을 놓친 경우가 발생했을 때는 어떻게 해야 할까? 그 종목을 늦게라도 더 높은 위치에서 추격 매수해야 할까? 아니면, 아쉽지만 안전을 위해서 그냥 포기해야 할까?

여기에 대한 가장 이상적인 해답은 안전을 위해 일단 더 높은 위치에서 추격 매수는 하지 않되, 내가 생각한 매수 급소 지점에서 이전까지 얼마나 더 강력하게 상승했는지를 확인하고 이후의 흐름을 기약하는 것이다. 즉, **매우 강력한 첫 번째 대시세는 어쩔 수 없이 포기하되 그 강력한 힘을 이용해 조정 후 두 번째 상승을 공략하는 것**이다.

파동을 갖춘 강력한 대시세 종목은 매우 강한 세력이 입성했다는 신호이고 높은 위치에서 추격 매수하는 개미들을 따돌리기 위해 세력들은 주가를 일정 부분을 하락 조정시킨 후에 다시 재상승시킬 확률이 매우 높기 때문이다.

〈레이저쎌〉의 1분 차트를 살펴보면, 오전 9시 13분에 안정적인 상승 파동과 강력한 거래량을 동반하며 정적 VI에 진입한 이후 하락 조정이 있었지만, 다시금 정적 VI선인 8,960원을 오전 10시 이후 3번째 강력히 돌파(패턴상으로는 역 헤드앤숄더)하면서 직전 고점인 오전 9시 16분의 9,160원까지 돌파하는, 즉 고점을 높이는 흐름이 나오면서 정적

VI 이후 본격적인 시세 상승을 보여주고 있다.

여기서 빨간색 화살표 3개는 **진짜 돌파 + 캔들의 조합 + 파동과 패턴의 조합**상 매수 진입할 수 있는 급소 자리이며 그 근거는 뒤의 Chapter 02, 03, 04에서 아주 상세히 설명하도록 한다.

그런데 이런 급소 자리에서 매수 진입을 못 하게 된 상황이라면, 특히 마지막 세 번째 빨간색 화살표마저 하락 조정을 기다리다가 놓쳤다면 어떻게 해야 할까? **이때 가능한 최적의 방법은 상승 시세를 놓친 아쉬움을 뒤로하고 끝까지 인내하며 하락 조정을 기다린 뒤에 다시 재상승하는 초입을 공략하는 것이다.**

안정적이고 지속적인 상승 파동과 함께 강력한 시세를 분출하는 종목들이라도 첫 번째 대시세 이후 대부분 반드시 하락 조정을 보여주기 때문에 차분하게 **조정을 기다렸다가 재상승 신호를 포착해 매수 진입하는 것이 중요**하다.

〈레이저쎌〉의 **3분 차트**를 통해 1차 대시세 이후 하락 조정 그리고 재상승의 큰 윤곽을 살펴보자.

오전 9시 13분 정적 VI에 진입한 주가는 오전 10시 52분에 10,350 원까지 대시세를 형성한 이후 오후 12시 24분에 9,380원까지 대략 고점 대비 -9.37%의 하락 조정을 보였고 이후 20분 정도 옆으로 횡보하면서 9,380원 저점을 하락 이탈하지 않다가 오후 12시 48분부터 강한 에너지와 함께 장대 양봉이 출현한 것을 확인할 수 있다.

이후 주가는 1차 대시세의 고점인 10,350원도 돌파해 10,400원까지 도달하는 강력한 2차 상승 시세를 보여주었다. **2차 상승 시세에 있어서 매수 타점은 역시 2개의 빨간색 화살표 지점이다.**

이렇듯 1차 대시세를 보여준 종목은 이후 거의 반드시 2차 시세를 주며 이는 오히려 1차 상승 시세에 있어서 추가 상승 가능성보다 더 큰 확률로 시세를 확실히 주기 때문에 장중 단타 종목을 선정할 때 결코 배제해서는 안 된다.

앞에서 언급했지만, 뼈대를 갖춘 안정적 상승 파동과 함께 강력한 상승 에너지로 시세를 분출한 종목들은 당일 대장주 반열에 해당되며 이러한 대장주 반열의 종목들은 전일 미국 시장이 폭락해 당일 우리 증시가 폭락해도 반드시 나오기 때문에 수익을 극대화하기 위해서는 이를 필히 공략할 필요가 있다.

이번에는 높은 시가로 인해 정적 VI 진입까지 1차 대시세를 낸 후 하락 조정을 거쳐 2차 재상승을 보인 종목을 살펴보자.

〈SCI평가정보〉의 3분 차트를 보면, 전일 종가 대비 당일 시가가 +8.22%로 매우 높이 시작한 것을 알 수 있다. 이는 시장에서 강력한 호재(최근 기준금리의 가파른 상승으로 본업인 채권 추심업무 증가에 따른 영업 이익 증가 기대감)로 인해 장 시작 전 강력한 매수세가 매도세를 크게 압도해 +8.22% 상승 갭으로 시가가 출발한 것을 뜻한다.

이런 강력한 매수세로 인해 큰 갭 상승을 보인 주가는 고점의 매도세와 치열하게 힘겨루기를 하다가 오전 11시 초반 힘을 축적한 매수세가 매도세를 완전히 압도해 직전 고점인 오전 9시 42분의 3,740원을 돌파하고 오후 12시 7분에 시가 대비 +10% 상승 지점인 정적 VI 가격 3,985원까지 상승했다.

앞에서 **본격적인 추가 상승 시세는 정적 VI 이후**라고 설명했는데, 이 종목의 정적 VI 지점인 3,985원은 전일 종가(3,345원) 대비 +19.13% 급등 지점이기에 VI 이후에 바로 추가 상승이 나오기를 기대하기보다는 정적 VI 지점까지 1차 대시세를 낸 것이라고 볼 수 있기 때문에 이후에는 일정 수준의 하락 조정을 거친 다음 재상승을 보일 것으로 예상할 수 있다.

예상대로 정적 VI가 해제된 이후 4,000원에 가까웠던 주가가 오후 1시 13분 3,735원까지 −6.3% 정도 하락 조정을 거친 후 오후 1시 46분까지 **쌍바닥**(저점이 올라가면서 2중 바닥을 형성) 패턴을 만들고 급등해서 오후 1시 59분 직전 최고점이자 정적 VI 진입 가격인 3,985원을 돌파 **했**다. 여기서 1차 대시세가 나온 이후 하락 조정을 거친 다음 2차 재 상승 패턴이 완성되었음을 알 수 있다.

여기서 1차 대시세 확인 후 2차 재상승을 노려 안정적인 수익 기회 를 얻을 수 있다. 물론 매수 진입 타점이 언제나 직전 고점을 돌파할 때만 있는 게 아니고 돌파 직전에도 진입할 수 있는 근거가 있지만 세 부적인 것은 나중에 자세히 알아보고 여기서는 **장중 단타 종목 선정 을 할 때 확실한 2차 재상승을 노릴 수 있는 종목을 선정하는 것의 중 요함을 아는 것이 핵심이다.**

또한 이 종목에서는 2차 재상승이 상한가까지 상승함을 볼 수 있 는데, 이는 나중에 Chapter 05에서 배울 **매도 목표치 계산**을 통해 알 수 있다.

이상적인 장중 단타 종목
선정하는 법

장중 단타(데이 트레이딩)에 있어서 어떤 종목을 선정해야 하는지에 관해 앞에서 중요한 기준을 설명했다. 다시 정리하면 안정적인 상승 파동을 통해 뼈대를 갖추고 있으면서 당일 상승률이 최소한 시가 대비 +10% 이상인 강한 에너지를 가진 종목을 선정해야 한다.

그럼 이에 해당되는 종목을 검출하기 위해서 구체적으로 어떤 요건이 필요한지 알아보자.

첫 번째로, 상승률은 당일 시가 대비 +10% 이상이면서 전일 종가 대비 최소 +5% 이상이어야 한다. 여기서 시가 대비 +10% 이상은 앞에서 자세히 설명했고, 전일 종가 대비 +5% 이상 상승은 무엇을 뜻하는 것일까? 이는 시장의 악재로 다음 날 시가가 전일 종가보다 낮은 위치에서 시작할 때 당일 시가 대비 +10% 상승했다 할지라도 전일 종가 대비 최소 +5% 이상은 상승한 상태라야 추가 상승 가능성이 크다는 것을 의미한다.

예를 들어, A라는 주식의 전일 종가가 5,500원이고 당일 시가가 5,000원이라고 하면, 시가 대비 +10% 상승을 한 상태라도 5,500원밖에 되지 않아 전일 종가와 같은 가격으로 전일 대비 당일 상승률은 보합(0% 상승)인데, 이럴 경우 추가 상승 가능성이 작다. 이 경우에는 시가 대비 +15.6%가 상승한 5,780원 정도가 되어서 전일 종가 대비 +5% 이상 상승할 때 관심을 갖는 것이 좋다.

두 번째로, **강한 에너지는 당일 상승률로 표현할 수도 있지만 동시에 거래량으로도 표현**할 수 있다. 즉, 대량의 거래량은 숨길 수 없는 강한 세력의 매수세를 대변하므로 **하루 거래량이 최소 500만 주 이상**, 장 시작 후 장 초반에는 **최소 30만 주 이상** 거래된 종목에 주목한다.

여기서 주의할 점은 거래량이 많으면 많을수록 좋은 것은 맞지만 앞의 2. **추가 상승을 위한 강력한 매수 에너지 파악하기**에서 살펴봤듯이 아무리 당일 거래량이 폭증한다고 할지라도 분봉(분차트)상 강한 상승 구간(A구간)이 끝나고 하락이 시작되어 어디까지 하락할지 모르는 구간(B구간)에 돌입했다면 절대로 주가가 하락할 때 일봉 거래량이

6개월 혹은 12개월 내 최대 거래량을 찍을지라도 절대로 매수 진입해서는 안 된다.

많은 개인 투자자들이 장중 일봉 거래량이 수개월 내 최고치이며 동시에 일봉이 장대 양봉을 보일 때 안심하고 분봉(분차트)상 아무 지점에서나 매수 진입을 하는데, 거래량이 많다고 할지라도 세력들은 장이 끝나는 종가까지 일봉을 긴 **윗꼬리 형태(장중 고점을 찍고 지속적으로 하락)의 비석형 일봉**으로 만들 수 있기 때문이다. 이럴 때 잘못 매수하면 −10% 이상 손실을 각오해야 한다.

세 번째로, **1분 차트상 최소 직전 200봉 내 최고가를 찍고 눌림목 이후 재상승해 직전 최고가 대비 −3~4% 이내로 근접한 종목을 노려야 한다.** 1분 차트상 직전 200봉을 시간으로 환산하면 대략 직전 3시간 30분 이상의 시간이며 당일 장 초반의 경우 전날 점심 이후 흐름을, 당일 장 중후반의 경우 당일 오전과 점심때 이후의 흐름을 모두 아우르며 이 구간에서 최고가를 찍고 조정을 거친 다음 재상승하는 종목이 이후 강력한 추가 상승을 보일 확률이 높다.

여기서 재상승할 때 직전 최고가 대비 −3~4% 이내로 근접한 종목을 선정해야 하는 이유가 있다. 이는 직전 최고가를 넘어서 다시 신고가를 갱신한 종목이 가장 강하기 때문에 이런 종목을 공략하는 것이 가장 좋긴 하지만, 신고가를 갱신한 종목들은 시장에서 많은 투자자들에게 쉽게 검색되고 노출되기 때문에 세력이 이를 역이용해 눌림을 제법 크게 줄 수 있다. 그렇기에 직전 최고가를 살짝 넘지 않는 수준에서 강하게 재상승하고 있는 종목을 공략하는 것이 매수 진입 이후 바로 수익을 낼 수 있는 바람직한 방법이라고 할 수 있다.

네 번째로, 일봉 차트상 전일 '고가'를 당일 현재가가 최소 1% 이상 넘는 종목을 선정하는 것이 좋다. 이는 나중에 자세히 배우겠지만 지지와 저항의 원리를 이용하는 것인데, **전일 고가**(전일 시세 중 **장중 가장 높았던 가격**)는 저항으로 작용해 시세의 힘이 웬만해서는 이를 뚫지 못한다. 그런데 당일 가격이 이 전일 고가를 최소 1% 이상 돌파했다는 것은 당일 시세의 힘이 강력한 저항을 뚫을 정도로 강력하다는 의미이기 때문에 이후 추가 상승을 보여줄 가능성이 매우 크다.

당일 단타 종목을 선정할 때 이 4가지는 가장 필수적인 요건으로, 이에 해당하는 종목을 검출하는 방법은 각 증권사 HTS상에서 **[당일 등락률 상위]**나 **[상한가/하한가]** 창을 이용하거나, **[조건검색]** 창에서 이 4가지 요건을 조건식으로 만들어서 장중 **[조건검색 실시간]** 창을 통해 이 4가지 요건들을 모두 만족하는 종목들을 자동으로 검출하는 방법이 있다.

어떤 방법이든 본인이 편한 방법으로 종목을 찾으면 되는데 [조건검색] 즉, 검색기를 이용하더라도 검출된 종목을 면밀한 검토 없이 바로 매수하면 낭패를 당하게 된다. 앞에서도 말했지만, 종목을 선정할 때는 필수적인 4가지 요건과 더불어 **분봉 차트에서 파동상 견고한 뼈대를 갖추고 있는지, 분봉 캔들 조합과 패턴상 강한 매수 에너지가 지속적으로 들어오는지** 등을 종합적으로 판단하는 것이 매우 중요하다.

이런 요건들도 [조건검색]에 조건식으로 구현할 수 있으면 좋겠지만 파동과 패턴 등은 조건식으로 구현이 불가능(모든 증권사 HTS 공통)하기 때문에 이 4가지의 필수적인 요건에 해당된 종목을 검출한 후 전체적인 흐름을 파악하고 앞으로 배울 매수 진입 급소 필살기에 해당되는 종목을 공략해 수익을 극대화하는 전략을 취해야 한다.

그러나 이 4가지 필수적인 요건 및 추가 주요 부수적인 요건들을 조합한 검색기를 만들어놓는 것이 장중에 좀 더 빠르게 매수 공략 후보 종목들을 찾을 수 있기에 검색기 만드는 법에 대해서는 Chapter 05에서 자세히 다루어보도록 하겠다.

자, 그럼 이제 다음 장부터 본격적으로 장중 단타에 있어서 바로 수익을 낼 수 있는 **매수 진입 급소 필살기 기법**에 대해 차근차근 자세히 알아보도록 하자.

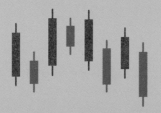

장중 단타 급소 비기 1
- 매수 편

돌파의 중요성

주식 시세란 주식 가격의 세기를 뜻한다. 즉, 매수세와 매도세가 현재가에서 만나 격돌하다가 힘이 강한 방향으로 주식은 움직이며, 이는 주식 시세의 결과물이다. 매수세가 강할 때는 상승의 방향으로, 매도세가 강할 때는 하락의 방향으로 주식은 움직이며, 매수세와 매도세가 서로 비슷할 때는 옆으로 움직이는데 이를 '횡보한다'라고 한다.

여기서 우리가 관심을 가져야 할 주식 시세는 당연히 매수세가 매도세보다 강해서 **주가**(주식 가격)가 상승 방향으로 움직이는 경우다. 상승해야 매수 진입 이후 주가의 관성의 법칙을 통해 추가 상승을 노려 수익을 낼 수 있기 때문이다. 너무나 당연한 이야기다.

그런데 많은 투자자들이 매수세가 매도세보다 강하지 못해 상승 시세가 시작도 안 되었는데 주식이 상승할 것을 예상해 매수하는 경우가 의외로 많다. 또한 상승세가 시작되긴 했지만 그 시세가 그리 강하지 못해 상승 시세가 약간 나오고 바로 하락 시세가 더 크게 나와 낭패를 겪는 경우도 많다.

주식 투자에서 **예측은 3이요, 대응은 7이란** 말은, 어느 정도의 예상과 예측이 투자에 있어서 필요하지만 그것만으로는 크게 부족하고 대응이 훨씬 중요하다는 것을 의미한다. 주식이 상승으로 본격적으로 움직이기 위해서는 선도 세력의 강한 매수세와 더불어 상승 시세를 유지시켜줄 강력한 재료와 후속 세력들의 매수세가 지속적으로 들어와야 하기 때문이며, 이를 계속해서 확인하는 작업이 **'대응'**이라고 할 수 있다.

그렇다면 상승 시세 중에서도 매도세를 지속적으로 압도하는 강력한 상승 시세를 확인하는 방법은 무엇일까? **그것은 바로 '돌파'**다. 주식 시세에 있어서 **돌파란,** 이전에 움직이던 고점과 저점 구간에서 새로운 고점을 형성하며 주식의 현재 가격이 한 단계 레벨업되어 옮겨가는 것을 의미한다.

보통 '돌파'가 나오려면 기존에 쌓인 매물벽을 뚫어야 하기에 이전 매수세보다 훨씬 더 강력한 매수 에너지가 있어야 하며, 이 때문에 일단 돌파가 된 후에는 지속적인 추가 상승세가 이어질 가능성이 매우 크다.

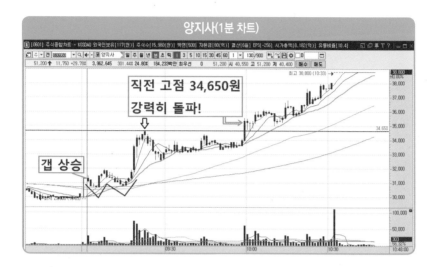

양지사(1분 차트)

**직전 고점 34,650원
강력히 돌파!**

갭 상승

〈**양지사**〉의 **1분 차트**를 보면, 당일 **시가**(장 시작 가격)가 전일 대비 갭 상승으로 시작해 **쌍바닥**(W패턴)까지 형성해 이후 강한 상승을 암시했고, 오전 9시 14분부터 본격적인 상승 시세가 나타나기 시작해 오전 9시 22분 단기 고점인 34,650원을 찍고 오전 9시 58분까지 강한 상승 시세가 유지되고 있음을 알 수 있다.

1차 강한 상승 시세 이후 이 강한 상승 시세가 유지되고 있다는 것은 상승 시세 이후 파동상 하락 조정이 나오는 것이 당연한데, 이 하락 조정이 직전의 상승 시세를 압도하지 못하고 상승 폭의 일정 부분(38.2%, 50%, 61.8% 되돌림 폭, 당연히 되돌림 폭이 작을수록 시세가 강함)까지만 조정을 보이다가 다시금 상승 흐름으로 방향을 틀어 지속적으로 고가권에서 현재 가격이 유지되고 있다는 것을 뜻한다.

이렇게 고가권에서 움직이는 주가가 갑자기 장대 양봉이 나오면서 오전 9시 59분 **직전 상승의 최고점인 34,650원**을 강하게 '**돌파**'했다. 돌파된 이후 3분간 발생한 3개의 아랫꼬리 캔들은 직전 고가를 돌파했을 때 나오는 **이식 매물**(직전 고점 부근에서 소위 물려 있던 물량)을 받아내는 캔들이라고 할 수 있다.

이후 주가는 어떻게 되었을까? 직전 고가를 돌파하고 이식 매물을 소화한 주가는 계속해서 추가 상승세를 보이다 상한가까지 진입했다. 물론 돌파 이후 아주 깔끔한 모습으로 추가 상승하지 않고 상승과 하락을 반복하며 상한가에 진입해, 돌파 이후 매수했다고 하더라고 실전에서 상한가까지 **홀딩**(주식을 매도하지 않고 보유)하기는 쉽지 않지만, 뒤의 Chapter 05에서 **매도 목표치를 설정하는 법**을 배우고 나면 상한가에 매도하는 것도 충분히 가능하다.

이렇게 1차 강한 상승세 이후에 나오는 '**돌파**'는 이후 강력한 추가 상승의 시작점이 될 수 있기 때문에 매우 중요하다. 물론 단순히 돌파만 나왔다고 무조건 주가가 추가 상승을 하는 것은 아니고, Chapter 01에서 배웠던 '**뼈대를 갖춘 안정된 상승 파동이 나왔는지**', '**강력한 상승 에너지를 지속적으로 보유하고 있는지**'가 전제된 상황에서 '돌파'가 나와야 돌파의 위력이 극대화될 수 있다.

미코(3분 차트)

직전 고점 9,160원 돌파!

이번에는 전일 상한가에 진입한 종목 중 다음 날에도 추가로 강했던 〈미코〉라는 종목을 살펴보자. 상한가에 진입했다고 하더라도 다음 날 항상 상승하는 것은 아닌데, 이 종목은 다음 날 장중 강한 '돌파'를 보여준다.

〈미코〉의 **3분 차트**를 보면, 전일 상한가 마감하고 당일 갭 상승으로 시작한 주가는 첫 봉이 강한 장대 양봉으로 마감하면서 강한 추가 상승 시세가 나올 가능성을 암시했다. 이후 주가는 시가 부근까지 반락하면서 추가 상승이 없을 것처럼 보였으나, 오전 10시~10시 30분에서 2번의 상승 시도 후 오전 11시 30분이 되어서야 **직전 최고점인 9,160원**을 강하게 **돌파**했다.

돌파한 이후 주가는 계단식 상승 파동을 그리면서 지속적으로 고점과 저점을 높이는 것을 볼 수 있다. 이 종목의 파동상 분할매도 최종 목표치는 10,250원 정도(Chapter 05에서 자세히 배운다)가 나오는데, 추가 하락 조정 이후 10,450원까지 상승했다.

이날 이 〈미코〉의 직전 고점 돌파 전까지 나온 패턴은 **라운드-업 급소 패턴**으로 Chapter 03에서 자세히 설명한다.

이렇게 **'돌파'는 추가 상승을 위한 가장 강력한 매수 에너지를 확인하는 중요한 기준**으로 볼 수 있다. 하지만 앞에서도 언급했듯이 돌파에도 속임수가 있어서 진짜 돌파를 정확히 구별해낼 수 있어야 하며, 이와 함께 이런 진짜 돌파에서 매수 진입 급소가 어느 지점인지 명확히 알 수 있어야 한다.

진짜 돌파를 단번에
알아내는 비법 & 매수 급소

　'**돌파**' 중에서도 속임수 돌파가 있기 때문에 진짜 돌파를 알아내야 한다. 알아내기만 하면 수익을 올리는 데 있어서 더없이 확실한 신호가 '돌파'다. 물론 진짜 돌파를 파악했다고 해서 바로 매수하는 것보다는 돌파와 함께 매수 진입 급소를 정확히 알고 진입하는 것이 단가 면에서 좀 더 유리하다.

　그럼 **진짜 돌파를 가려내는 방법**과 **매수 진입 급소**에 대해 알아보자.

　첫 번째로, 1차 상승 파동이 나온 후 직전 고점을 돌파할 때, 직전 고점이 2중, 혹은 3중 고점일 때 진짜 돌파일 확률이 높다. 이때의 매수 진입 급소는 **돌파 이후 2개의 단봉이 나올 때**이며 이때 2개의 단봉 종가가 모두, 직전 고점을 돌파한 **기준 양봉의 절반 이상**에 위치해

있을 때다. 2개의 단봉은 모두 음봉이어도 상관없고 양봉과 음봉이
섞이거나 모두 양봉이어도 무방하다.

《미래나노텍》의 **1분 차트**를 보면, 주황색 화살표 지점이 직전 고점
을 돌파한 장대 양봉을 나타내는데, 직전 고점이 **3중 고점**(3개의 파란
별표)임을 알 수 있다. 2중, 혹은 3중 고점을 돌파할 때가 진짜 돌파일
확률이 높은 이유는 지지와 저항의 원리상 여러 번 저항으로 막힌 지
점을 주가가 강하게 돌파하게 되면 그 저항 자리는 **지지**(Support) **자리**
로 바뀌기 때문이며, 지지 자리로 바뀐 후에는 위에 저항이 약해져 약
간의 후속 매수세만 들어와도 주가가 가볍게 추가 상승을 하게 된다.

이렇게 진짜 돌파가 나온 후에 매수 진입 급소는 **빨간색 화살표** 지
점이 된다. 아무리 진짜 돌파라 할지라도 주식 투자는 확률 게임이라
확률이 매우 높은 자리에서 매수 진입을 하는 것이 안전하게 수익을

내는 지름길이다.

빨간색 화살표 지점은 직전 고점을 돌파한 이후에도 지속적으로 매수세가 매도세를 압도하는지 확인되는 지점이며 매수 진입 가격에서도 유리한 지점이 된다. 이 종목의 경우는 해당되지 않지만, 돌파 이후 보통 단봉의 2음봉이 나오는 경우가 많아 보통 진입 가격 면에서 돌파 직후보다 유리하다.

두 번째로, 직전 고점을 돌파한 '**기준 양봉**'의 절반 이상에서 하락 조정이 마무리되고 재차 **기준 양봉의 고점을 넘을 때 진짜 돌파**일 확률이 매우 높다.

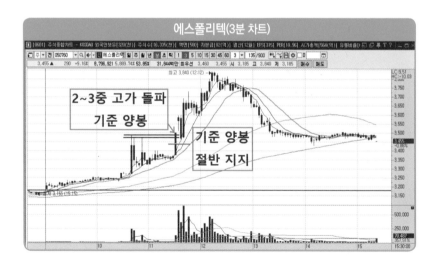

〈에스폴리텍〉의 **3분 차트**를 보면, 오전 11시 33분의 장대 양봉이 직전의 2~3중 고가를 강하게 돌파한 것을 알 수 있다. 돌파한 **기준**

양봉은 바로 정적 VI에 진입했고 해제된 이후에도 추가 양봉을 냈지만, 이식 매물로 인한 하락 조정이 나왔다.

그런데 강하게 하락 조정을 보인 **장대 음봉**이 **기준 양봉**의 절반 자리 부근에서 강력한 지지(파란 평행선)를 받았고, 이후 더 큰 매수세가 들어와 **하락 조정 음봉을 더욱 커다란 장대 양봉으로 장악**했다. 이후에도 약간의 하락 조정이 있었지만, 그 하락 조정도 직전 장대 양봉의 절반을 지지하면서 대체로 안정적인 추가 상승세를 나타냈다.

정리하면, 돌파한 기준 양봉의 절반을 계속 지켜낸다는 것은 고가권에서도 매수세가 매도세보다 계속해서 강하다는 것을 뜻하기 때문에 **기준 양봉의 절반이 반드시 지켜지는지 확인**하는 대응이 필요하다.

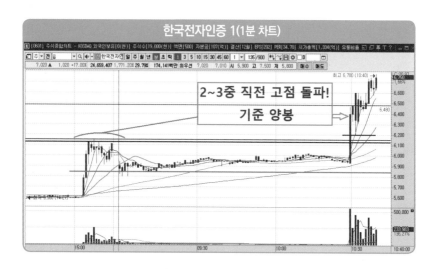

한국전자인증 1(1분 차트)

2~3중 직전 고점 돌파!

기준 양봉

직전 2~3중 고점을 돌파한 **기준 양봉**의 절반을 지지하는 또 다른 종목을 살펴보자. 〈**한국전자인증**〉의 1분 차트를 보면, 직전 2~3중 고점이 당일이 아닌 전날 오후 3시 이후에 형성되었고, 다음 날 오전 10시 29분에 이 직전 고점들을 강한 거래량과 함께 돌파한 것을 볼 수 있다. (참고로 **보라색 평행선**은 **정적 VI** 진입 가격)

여기서 한 가지 체크해야 할 것은 **강한 1차 상승이 나온 시점이 꼭 당일만 해당되는 것이 아니고, 이 예에서 볼 수 있듯이 전날 장 후반부에서 나온 경우에도 해당된다는 것**이다. 장 후반부라고 함은 전날 오후 12(정오)시 이후를 말하며, 이렇게 형성된 강한 1차 상승은 다음 날까지 연결되는 경우가 많다.

또한 잘 살펴보면, 전날 강한 1차 상승을 보인 주가는 다음 날(당일)

1차 상승 폭의 절반(주황색 평행선)을 지지해주면서 뼈대를 갖춘 안정적인 상승 파동(이에 대한 자세한 설명은 Chapter 01을 참고)을 그리고 있는 것을 볼 수 있다. 즉, 추가 상승이 나올 좋은 종목들은 이렇게 중요한 지지선을 하락 이탈하지 않는다.

다시 돌아와서, 당일 오전 10시 29분 직전 2~3중 고점을 돌파한 주가는 기준 양봉을 만들었고 이식 매물로 인한 하락 조정 음봉이 나와도 이 **기준 양봉의 절반**(짙은 보라색 평행선)을 이탈하지 않고 아랫꼬리를 단 이후 바로 다시 장대 양봉이 출현한 것을 볼 수 있다.

이렇게 되면, 장중 단타 매수를 할 수 있는 이상적인 상태가 되었다고 볼 수 있으며, 여기서 하락 조정 음봉의 고점을 재차 넘었을 때(오전 10시 37분 장대 양봉), 완벽한 진짜 돌파가 된 것이기에 그 돌파 자리가 매수 진입 급소가 된다.

물론 매수 진입 타점은 앞의 첫 번째에서 언급했듯이 돌파 이후 2개의 단봉이 나왔을 때까지 기다렸다가 매수해야 조금 더 낮은 가격에 매수할 수 있으며 **여기서는 2개의 음봉이 나왔을 때가 최적의 매수 진입 급소다.** 그럼 이후 흐름이 어떻게 진행되었는지 보도록 하자.

한국전자인증 2(1분 차트)

매수 진입 급소

돌파 이후 기준 양봉의 절반(짙은 보라색 평행선)을 지지하고 이후 **기준 양봉을 포함해 형성된 고점**(빨간색 평행선)을 재차 넘은 후 2개의 단봉 종가 지점이 매수 진입 급소이며, 이후 계속해서 추가 상승 즉, 2차 상승세가 지속된 것을 볼 수 있다.

매수 진입 급소를 명확히 알고 있는 것과 모르는 것은 천당과 지옥만큼의 큰 차이이며, 장중 단타라고 해서 아무 종목이나 급등한다고 매수로 따라붙는 건 자살행위나 마찬가지다. 엄격한 자신만의 기준과 함께 추가 상승 시세를 줄 수 있는 명확한 매수 진입 급소를 숙지하고 있어야 꾸준한 수익을 올릴 수 있다. 이런 면에서 **진짜 돌파를 통한 매수 진입 급소는 수익률 재고를 위해 반드시 알아야 할 필살**기다.

반드시 피해야 할
가짜 돌파 파악하기

앞에서 진짜 돌파를 파악하고 매수 진입 급소에서 매수하는 것이 수익 향상을 위해 절대적으로 중요하다고 언급했는데, 하루에도 수많은 종목들이 급등락하는 상황에서 진짜 돌파가 더 많이 나올까? 아니면 소위 개미 투자자들을 유혹하는 가짜 돌파가 더 많이 나올까?

질문의 내용만 봐도 가짜 돌파가 진짜 돌파보다 훨씬 많이 자주 출현하는 것을 짐작할 수 있겠지만, 심각할 정도로 가짜 돌파가 압도적으로 많이 나온다. Chapter 01에서 〈제주은행〉과 같은 흐름보다 〈푸드나무〉와 같은 흐름이 4배는 더 많이 나온다고 설명했다.

진짜 돌파와 가짜 돌파 역시 마찬가지다. 세력들은 개미 투자자들이 어떻게든 고점에서 매수하게끔 만들어 자신들의 물량을 넘기고 빠져나가려고 하기 때문에 겉보기에만 매우 강해 보이는 가짜 돌파를 많이 만들어낸다고 보면 된다.

〈라온테크〉의 **1분 차트**를 보도록 하자. 이 종목은 당일 시가가 전일 종가보다 낮게 시작했지만 쌍바닥(W패턴)을 만들면서 오전 9시 36분까지 강한 상승세를 나타냈다. 여기에 오전 9시 36분에는 이전에 볼 수 없던 아주 큰 장대 양봉을 출현시키면서 투자자들로 하여금 이 종목이 이후에도 추가로 매우 강하게 올라갈 수 있다는 희망을 품게 했다.

그런데 이후에 이상한 점이 발견되었다. 오전 9시 36분 장대 양봉 이후에 바로 중폭의 장대 음봉이 2개 연속 나오면서 **오전 9시 36분 장대 양봉의 절반 자리가 이탈**된 것이다. 또한 매수세가 지속적으로 강하다면 이 2연속 음봉의 하락 조정 이후 바로 상승세가 다시 힘을 내어 직전 고점을 돌파해야 하는데, **한 단계 추가 하락**(파란 동그라미)이 또 나와 직전 고점 대비 하락 조정폭이 커진 것을 볼 수 있다.

이후 늦게나마 다시 매수세가 힘을 내어 직전 고점을 돌파(오전 9시 47분 장대 양봉)했으나, 돌파 이후 바로 돌파 기준 양봉의 **절반**(녹색 평행선)이 하락 음봉으로 이탈되었고, 이후에도 다시 상승을 시도했으나 이 절반의 자리를 상향 돌파하지 못하고 추가 하락이 나왔다. 이것은 전형적인 가짜 돌파가 나온 이후 고점에서 하락세로 돌아선 흐름이라고 할 수 있다.

이렇게, 강한 상승세를 보이면서 직전 고점을 돌파하더라도 고가권에서 수상한 흔적은 없는지 정확히 파악하는 것이 중요하고, 찾아냈다면 섣불리 매수 진입하지 말고 계속해서 의심하면서 관망하다가 가짜 돌파가 확실하다면 절대 매수 진입하지 말아야 한다.

장중 단타에서 순간 포착은 중요하지만, 그 순간 포착도 정확한 매수 진입 타점을 숙지한 후라면 촌각을 다툴 정도로 급박하지 않다. 오히려 명확한 기준이 없기 때문에 마음만 급해서 서두르다가 세력들이 놓은 덫에 걸려드는 경우가 많다.

또 다른 가짜 돌파 종목을 살펴보자. 〈세이브존 I&C〉의 **1분 차트**
를 보면, 오전까지 이렇다 할 큰 움직임이 없다가 오후 1시 이후부터
강한 호재와 함께 급격한 상승세를 나타냈다. 이런 가파른 상승 흐름
이 오후 1시 24분까지 지속되다가 강한 매도세를 만나 급하게 하락
조정을 거친 후 다시 강한 매수세와 함께 오후 1시 31분 직전 고점을
돌파했다.

이때까지의 가파른 상승 흐름만 본다면 당일 상한가도 갈 것 같은
느낌이 들지만, 이상한 점이 눈에 띈다. 오후 1시 24분 1차 상승의 마
지막 연속 장대 양봉 이후 바로 다음 **장대 음봉이 이전의 양봉 2개
를 모두 하락 장악**하는 모습이 뭔가 석연치 않고, 오후 1시 31분 직
전 고점을 돌파한 **기준 양봉** 이후 2개의 단봉들이 **기준 양봉**의 절반
을 지켜야 하는데 2번째 음봉이 단봉이 아닌 장대 음봉일 뿐만 아니

라 이 음봉이 **기준 양봉의 절반을 하락 이탈한 것이다.**

이후의 흐름이 어떻게 되었을까? 보시다시피 하락 조정 정도가 아니라 지속적으로 급격한 계단식 하락이 나오면서 오후 1시 이후의 상승분을 모두 반납하는 폭락이 나왔다.

이 **가짜 돌파의 예시를 봤을 때, 공통점**이 있다. 가짜 돌파가 나오기 전에 매우 급격한 상승세가 지속되면서 시장에서 투자자들의 이목을 집중시켰다는 것과 강한 1차 상승의 끝에서 매도세가 급격히 강해져 하락 조정 폭이 매우 크다는 점, 마지막으로 직전 고점을 돌파한 이후 돌파한 신고가를 유지하지 못하고 바로 장대 음봉이 나오면서 **기준 양봉의 절반**을 깨고 내려갔다는 점이다.

여기서 **가장 중요한 포인트는 뼈대 있는 안정된 상승 파동의 중요성**이다. 진짜 돌파를 통한 진짜 추가 상승은 안정된 상승 파동에서 나오는 것이지, 앞의 가짜 돌파의 예시 종목들처럼 시초가 부근이 아닌 시간대(장 초반에는 가끔 계속 급등해서 상한가까지 빨리 진입하는 종목이 있으니 이런 종목들은 그냥 가볍게 패스해주는 것이 좋다)에서 눈에 띄게 가파른 상승을 보이는 것은 고점에서 개미들에게 물량을 넘기기 위한 개미 꼬시기 상승으로 의심해봐야 한다.

계단식 3단
상승(돌파)의 위력

앞에서 진짜 돌파를 파악하는 방법 및 매수 진입 급소에 대해 설명했는데, 진짜 돌파 중에서 파동과 직접적으로 연결된 진짜 돌파가 있다. 그것은 **계단식 3단 상승 파동**으로, 이때 마지막 상승 이후 보통 가파른 추가 상승세가 나타난다.

여기서 계단식 3단 상승 파동이란, **상승 파동이 계단 모양으로 1차 상승 – 횡보 – 2차 상승**(직전 고점 돌파) **– 횡보 – 3차 상승**(직전 고점 돌파) **의 형태로 상승 파동**이 나타나는 것을 말한다.

계단식 3단 상승 파동에 있어서 중요한 포인트는 3차 상승 이후에 본격적인 추가 시세가 나오는데 그 상승 폭이 상당히 크다는 데 있다.

새빗켐 1(1분 차트)

〈새빗켐〉이라는 종목의 **1분 차트**를 보면, 1차 상승이 나온 이후 1차 상승 폭의 절반을 지지하면서 횡보를 보이다가 1차 상승의 고점을 돌파하는 2차 상승이 나왔고, 2차 상승 후에 2차 상승 폭의 61.8% 지점을 지지하면서 다시 횡보를 보이다 2차 상승의 고점을 돌파하는 3차 상승이 나왔다. (참고로 **보라색 평행선**은 **정적 VI** 진입 가격)

이렇게 전형적인 계단식 3단 상승 파동이 나왔는데, **중요한 매수 진입 급소 지점은 3차 상승 이후**라고 할 수 있다. 정확히 말하면, 3차 상승이 2차 상승 고점을 돌파한 이후 **3차 상승 폭의 절반 지점을 지지한 것을 확인하고 재차 3차 상승의 고점을 재돌파했을 때가 최적의 매수 진입 급소 지점**이라고 할 수 있다. 여기서는 오전 10시 34분 양봉 캔들의 종가 지점이 매수 급소 지점이 된다. 이후 흐름이 어떻게 진행되었는지 보도록 하자.

새빗켐 2(1분 차트)

매수 진입 급소 지점:
3차 상승의 고점을 돌파

빨간색 화살표 지점이 3차 상승의 고점을 재돌파한 지점으로 매수 진입 급소이며 이 자리에서 15분도 안 되는 시간에 +14%에 가까운 추가 상승이 나온 것을 볼 수 있다.

이렇게 직전 고점을 2번 돌파한 계단식 3단 상승 파동의 추가 상승 위력은 강력하며 **3차 상승의 고점을 돌파한 매수 진입 급소 지점은 또 하나의 매수 필살기**라고 할 수 있다.

계단식 3단 상승의 또 다른 종목을 살펴보자. 〈이브이첨단소재〉의
3분 차트를 보면, 1차 상승의 고점을 2차 상승에서 **종가**(3분봉 종가)로
돌파하기보다는 **고가**(3분봉 고가)로 돌파한 것을 알 수 있다. 실전 차트
에서 **캔들**(시가-고가-저가-종가를 봉의 모양으로 만들었을 때 양초 모양과 흡사하다
고 해서 붙여진 용어)의 종가 못지않게 **고가**도 중요하며 고가로 돌파한 것
도 돌파했다고 볼 수 있다. (참고로 **보라색 평행선**은 **정적 VI** 진입 가격)

일반적으로 고점이 점점 높아질 때 시세는 계속해서 상승세를 탄
다고 말하는데 〈이브이첨단소재〉에서도 1, 2, 3차 상승에서 고점을
높이면서 지속적인 상승 추세를 보여주고 있다.

여기서 **3차 상승**은 앞선 〈새빗켐〉과 마찬가지로 2차 상승의 고점
을 돌파해 **계단식 3단 상승** 파동이 완성되었다고 볼 수 있는데, 이와

더불어 **3차 상승을** 고가가 아닌 종가상 돌파 측면에서 본다면 1차 상승의 고점을 포함하는 3중 고점을 돌파하는 진짜 돌파로도 볼 수 있다. 즉, 계단식 3단 상승 파동과 3중 전고점 돌파가 동시에 나오고 있는 **상황**으로 2가지 매수 급소가 중첩되어 이후의 흐름은 더욱 강력한 추가 상승을 예상할 수 있다.

계단식 3단 상승 파동이 나온 이후를 보면, **3분 차트** 기준에서 **주가가 3차 상승의 고점을 재돌파하는 순간** 매우 큰 장대 양봉이 나오면서 상한가까지 진입하는 기염을 토했다.

계단식 3단 상승 파동의 위력이 유감없이 발휘되었다고 볼 수 있다. 그러면 **1분 차트**로 좀 더 세밀한 **매수 진입 급소**를 찾아보자.

이브이첨단소재 3(1분 차트)

매수 진입 급소 지점:
3차 상승의 고점을 돌파

〈이브이첨단소재〉의 1분 차트를 보면, 2차 상승의 고점(1,840원)을
3차 상승에서 돌파한 시점이 오후 1시 54분이며 이때 1,880원으로
정적 VI(보라색 평행선)에 진입했다.

정적 VI가 풀린 오후 1시 56분에 고점이 1,910원인 윗꼬리 음봉(종
가가 시가보다 낮은 캔들. Chapter 03에서 자세히 설명)을 오후 1시 57분에 장대
양봉이 상승 장악(직전 캔들보다 다음 캔들의 크기가 더 크고 직전 캔들의 고점을
다음 캔들이 넘어서는 것)이 나왔다. 앞에서 설명했다시피 상승 장악 양봉
의 종가 지점 혹은 다음 봉의 시가 지점이 매수 진입 급소가 된다.

이 〈이브이첨단소재〉의 경우 앞의 〈새빗켐〉과 달리 3차 상승의 고
점을 재돌파한 이후 2개 이상의 단봉이 나오지 않은 점이 다르다고
할 수 있는데, 장 초반과 중반에는 돌파 장대 양봉 이후 2개 이상의

단봉이 나오며, 장 마감에 임박한 경우는 세력들이 남은 시간 안에 빨리 목표한 지점까지 급등시켜야 하기 때문에 2개 이상의 단봉이 나오지 않는 경우가 많다. 이 점을 참고하기를 바란다.

전일 고점선의
중요성 및 활용 비법

앞에서 **돌파의 중요성 및 진짜 돌파를 확실히 파악하는 법과 이때 매수 진입 급소**에 대해 상세히 설명했다. 반복해서 숙지하면 실전에서 확실히 달라진 시야를 갖게 될 것이다.

이번에는 **중요한 저항선이라고 할 수 있는 전일 고점선**에 대해 살펴보자. **전일 고점선은 전날의 장중 최고점인데, 단순히 최고점의 의미만 있는 것이 아니고 중요한 저항의 역할을 한다.** 즉, 그 최고점 가격은 그 가격에서 강한 매도세가 나와 그 가격 이상으로 더 이상 올라가지 못한 저항 지점을 의미한다고 할 수 있다.

그럼 전일 고점선이 왜 중요할까? 그것은 다음 날(당일) 주가가 전일 고점선을 강하게 돌파할 때 추가 상승세가 잘 나오기 때문이다. 저항이 뚫리면 강력했던 매도세가 와해되기 때문에 후속 매수세가 조금만 들어와도 추가 상승이 쉽게 나온다.

〈화천기계〉의 **3분 차트**를 보면, 전일 오후 2시 32분에 **고점 6,290원**(파란 평행선)을 찍고 5,900원에 종가를 형성한 후 다음 날(당일) **오전 9시 40분**에 **전일 고점인 6,290원**을 강한 장대 양봉으로 돌파한 것을 볼 수 있다.

전일 고점을 돌파한 주가는 돌파 다음 봉(캔들)에서 아랫꼬리 저점이 **전일 고점선**(파란 평행선)에 지지를 받은 후 강한 상승 파동을 보이며 급등했다. 돌파 이후 대략 +19%가 넘는 급등을 보였으니 장중 단타에 있어서는 대박 매수 자리라고 할 수 있다.

이번에는 장 초반이 아닌 장 후반부에 나타난 전일 고점 돌파의 예를 살펴보자. 〈가온칩스〉의 **1분 차트**를 보면, 오후 1시 49분에 전일 고점인 35,450원을 장대 양봉으로 강하게 돌파했다.

이 종목은 앞의 〈화천기계〉와 달리 돌파 이후 바로 다음 봉(캔들)에서 반락해 전일 고점 지지를 받지 않고 대략 5분 후에 하락 조정을 보이다가 전일 고점선(파란 평행선)에서 지지를 받는 아랫꼬리가 나온 후 다시 직전 고점을 상향 돌파하는 장대 양봉이 출현하면서 이후 지속적인 추가 상승세를 보였다.

여기서 전일 고점선이라는 저항선을 강하게 돌파하고 나면 저항선이었던 전일 고점선은 지지선으로 변한 것을 알 수 있다. **지지와 저항의 개념은 서로 다른 것이 아니라 저항이었던 곳이 뚫리면 지지가 되**

고, 지지하던 곳이 하락 이탈되면 저항이 된다.

그러면 **전일 고점선을 실전에서 어떻게 활용**해야 할까? 그냥 무작정 전일 고점을 돌파할 때 매수하면 될까? 다음 예시를 살펴보자.

〈조선선재〉의 **1분 차트**의 녹색 박스 부분을 보면, 주가가 **전일 고점선**(파란 평행선)을 돌파한 이후 곧바로 다시 전일 고점선을 하락 이탈한 것을 볼 수 있다. 물론 다시 전일 고점선을 재돌파해 이후 크게 상승했지만 전일 고점선을 처음 하락 이탈할 때 그 하락 폭이 제법 크다.

실전 매매에서 이런 제법 큰 하락 조정폭을 맞이하게 되면 경험이 많지 않은 초보나 중수 투자자들은 크게 당황해서 손절하게 될 가능성이 크다. 따라서 매수 진입 후 조정폭이 적은 **좀 더 확실한 매수 타점**이 필요하며 그 타점은 전일 고점선을 돌파했을 때의 고점을 주가가 재차 돌파했을 때다.

앞에서 살펴본 〈화천기계〉나 〈가온칩스〉, 그리고 지금 설명하고 있는 〈조선선재〉의 경우 모두 **전일 고점선을 돌파한 후 새롭게 나타난 고점을 재차 돌파했을 때 하락 조정이 크지 않고 이후 바로 본격적인 추가 상승이 나온 것**을 확인할 수 있다.

그렇다면 이번엔 전일 고점선을 돌파했을 때 언제나 항상 강력한 추가 상승이 나오는지에 대해 알아보자. 이 부분은 매우 중요하다. 왜냐하면 강력한 매수 필살기라고 하더라도 1차원적으로 어떤 하나의 조건만 만족하면 100% 성공한다고 생각하면 안 되고, 적용하지 말아야 할 상황이 있을 수 있다는 것을 열어두어야 하기 때문이다. 다음 예시를 보도록 하자.

우선 〈알티캐스트〉의 **1분 차트**에서 주황색 박스 부분을 보면, 오후
12시 50분까지 가만히 옆으로 횡보하던 주가가 갑자기 **전일 고점선**
(파란 평행선)까지 거의 수직 급등했다.

이런 수직 급등 종목들의 최후는 보통 어떻게 되는지에 대해서는
Chapter 01에서 〈푸드나무〉를 예로 자세히 설명했다. 즉, 급등 이후
결국 다시 제자리 혹은 상승 시작점보다 더 하락하는 결말을 맺는 경
우가 대부분이다. 진정한 추가 상승은 뼈대 있는 안정된 상승 파동에
달려 있다고 계속 강조한 것이 이 때문이다.

수직 급등 다음으로 나온 녹색 박스를 보도록 하자. 수급 급등하던
주가가 오후 1시 13분 **전일 고점선**(파란 평행선)을 상향 돌파했다. 그런
데 뭔가 석연치 않다. 앞에서 전일 고점선을 돌파한 예시 종목들과 뭔

가 다르다. 어떤 점이 다르게 느껴지는가?

결정적인 차이점은 하락 조정폭이다. **전일 고점선을 돌파하기 전에 나온 하락 조정폭이 이전 예시 종목들과는 비교할 수 없을 정도로 큰 것**을 확인할 수 있다. 그런데 그도 그럴 것이 가만히 횡보하던 주가가 과하게 수직 급등했기 때문에 하락 조정폭도 큰 것이 당연하다.

하지만 문제는 이 과한 하락 조정폭이 나오고 나서는 전일 고점선을 돌파하고 그 돌파한 이후의 고점을 재돌파하더라도 추가 상승이 잘 안 나온다는 데 있다. 오히려 Chapter 01의 〈푸드나무〉처럼 추가 상승은커녕 상승의 시작점 혹은 그 아래까지 아주 심한 폭락을 하는 경우가 대부분이다.

전일 고점선 활용에 있어서 이 부분은 매우 중요하기 때문에 반드시 숙지해야 한다. 매수 급소를 판단할 때는 지금까지 설명했고, 앞으로도 설명할 매수 진입 급소 필살기와 진입할 때의 상황(안정된 파동 및 강한 에너지 등)을 잘 공부하고 실전에서 자세히 관찰해야 손절을 최대한 줄이고 수익을 극대화할 수 있다.

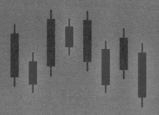

장중 단타 급소 비기 2
- 매수 편

캔들이란 무엇인가?

주식 차트에서 **캔들**(Candle)이라는 용어를 많이 들어봤을 것이다. **캔들이란**, 봉 캔들을 의미하며 봉의 모양이 양초를 닮았다고 해서 붙여진 이름이다. 캔들은 시가-고저-저가-종가로 이루어져 있으며, 캔들을 통해 이 가격들을 한눈에 볼 수 있다.

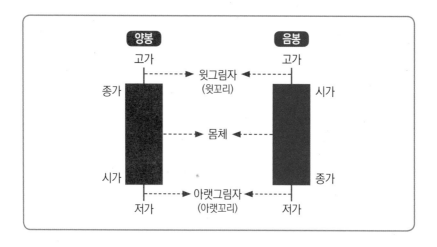

양봉은 종가가 시가보다 높으며 **빨간색**으로 표시되고, **음봉**은 종가가 시가보다 낮으며 **파란색**으로 표시된다. **양봉의 경우 고가가 종가보다 높으면 윗꼬리**(윗그림자)가 생기며, **저가가 시가보다 낮으면 아랫꼬리**(아랫그림자)가 생긴다. 종가가 고가로 끝나거나, 시가가 저가이면 윗꼬리와 아랫꼬리는 생기지 않고 몸체만으로 표시된다. **음봉의 경우**도 마찬가지이며, 다른 점은 **종가 대신 시가와 고가, 시가 대신 종가와 저가**의 위치로 꼬리 여부가 생긴다는 점이다.

캔들은 차트 분석에서 가장 기본이며 매우 중요하다. 그 이유는 매수세와 매도세가 맞붙어 생긴 가격이 **현재가**이고 매수세와 매도세의 힘겨루기로 **이 현재가가 움직인 최소 마디가 캔들**이기 때문이다. 즉, 캔들은 가장 중요한 현재가의 최소 궤적이라고 할 수 있으며 현재가의 움직임을 직관적으로 한눈에 볼 수 있도록 해준다.

캔들은 시간의 길이에 따라 **월봉 캔들, 주봉 캔들, 일봉 캔들, 분봉 캔들**(1분, 3분, 5분, 30분, 60분, 120분 등)로 나눠지는데 캔들의 모양은 똑같고 다만 1개의 캔들이 시작되어 종료될 때까지의 시간만 다를 뿐이다.

당일 매수해서 당일 매도를 해야 하는 장중 단타 매매에서 중요한 캔들은 **일봉 캔들**과 **분봉 캔들**이다. 주봉과 월봉 캔들은 참고 정도는 할 수 있으나 캔들 1개가 완성되는 시간이 너무 길어 중요도는 낮다.

그러면 캔들 중에서 양봉 캔들과 음봉 캔들 중 어느 것이 투자자 입장에서 좋거나 유리할까? 당연히 대부분 양봉 캔들이 좋다고 대답할 것이다. 그런데 세력의 입장에서 생각해보자. 대부분의 개미 투자자들은 양봉 캔들을 좋아하고 양봉 캔들이 보이면 무작정 매수 진입하려고 한다. 더욱이 그 양봉 캔들이 매우 큰 장대 양봉 캔들이라면 더욱 강력히 매수하려고 한다. 그럴 때 세력들은 쉽게 추가 상승을 줄까? 이에 대해서는 고민해봐야 한다.

물론 양봉 캔들이 음봉 캔들보다 기본적으로는 더 좋은 것이고 이에 대해서는 이론의 여지가 없다. 하지만 양봉 캔들이 파동의 흐름상 어떤 위치에서 나왔는지 함께 분석해야 실패를 줄일 수 있다.

캔들을 분석할 때는 캔들 1개의 분석도 중요하지만, **직전 캔들과 다음 캔들을 묶어서 분석하는 것이 더욱 중요**하다. 실전에서는 속임수 음봉 뒤에 세력의 진짜 양봉이 바로 뒤따라 나오고 이후 급등하는

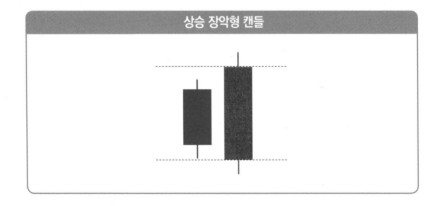

상승 장악형 캔들

경우가 많기 때문이다.

이 캔들 조합은 **'상승 장악형 캔들'**로 실전 투자에서 가장 중요한 캔들 패턴이다. **상승 장악형 캔들**은 종가가 시가보다 낮은 **파란색 음봉 캔들**이 나온 이후 곧바로 종가가 시가보다 높은 **빨간색 장대 양봉 캔들**이 나오는 패턴으로, 여기서 중요한 포인트는 음봉 캔들보다 양봉 캔들의 크기가 훨씬 크다는 데 있다. 이럴 때 **'양봉이 음봉을 상승 장악한다'**라고 표현한다.

이 외에도 실전에서 강력한 캔들 조합은 **적삼병**(3개 연속 양봉), **적사병**(4개 연속 양봉), **양음양**(양봉-음봉-양봉), **양양음양**(양봉-양봉-음봉-양봉), **양음양양**(양봉-음봉-양봉-양봉), **양음음양**(양봉-음봉-음봉-양봉) 등이 있다.

물론 이 강력한 캔들 조합도 파동의 위치를 파악하고 사용해야 하며 무조건 이 캔들 조합만 나왔다고 무작정 바로 매수 진입하는 것은 자제해야 한다. 장중 단타에 있어서 조급함은 항상 화를 부르기 때문에 항상 한 템포 쉬어가는 마음가짐이 중요하며 차분함 속에 수익이 있다는 것을 명심하자.

그러면 이 위력적인 캔들 조합들이 실전에서 어떻게 활용되는지 살펴보자.

위력적인 캔들의 조합

앞에서 위력적인 캔들의 조합에는 **상승 장악형 패턴**, **적삼병**(3개 연속 양봉), **적사병**(4개 연속 양봉), **양음양**(양봉-음봉-양봉), **양양음양**(양봉-양봉-음봉-양봉), **양음양양**(양봉-음봉-양봉-양봉), **양음음양**(양봉-음봉-음봉-양봉) 등이 있다고 했는데 실전에 어떻게 적용하는지 하나씩 살펴보자.

첫 번째로, 상승 장악형 패턴에 대해 알아보자. 앞에서 설명했듯이 **상승 장악형 패턴**은 직전에 나온 **음봉 캔들**을 바로 다음 더 큰 **양봉 캔들**이 장악하는, 즉 **양봉 캔들의 종가가 음봉 캔들의 시가를 돌파하는 패턴**이다.

알티캐스트 1(1분 차트)

상승 장악형 패턴 출현!

〈알티캐스트〉의 **1분 차트**를 보면, 오전 11시 2분에 음봉 캔들이 발생하고 **곧이어 11시 3분에 이 음봉 캔들을 장악하는** 장대 양봉 캔들이 나오자마자 추가로 급등하는 모습을 확인할 수 있다.

또한 이러한 강한 1차 상승 이후 오후 1시 11분 강한 2차 상승이 시작되면서 **오후 1시 12분에 음봉 캔들이 발생하고 곧이어 오후 1시 13분에 이 음봉 캔들을 장악하는** 양봉 캔들이 출현하고 뒤이어 추가 양봉 캔들이 나오면서 이후의 흐름도 2차 상승세가 지속될 것을 암시하고 있다.

상승 장악형 패턴이 **나온 이후 주가의 흐름**을 보면, 강력한 양봉 캔들이 2개(이 양봉 캔들 2개의 상승률 합이 +7%에 달함) 더 나왔고, 이후 하락 조정을 거친 후 다시 급등을 보이다가 **상한가까지 진입**했다.

여기서 알 수 있는 것은 뼈대가 있는 안정적 파동을 통한 강한 1차 상승(여기서도 상승 장악형 패턴 출현 후 급등)이 나온 후 **2차 상승의 초입에서 상승 장악형 패턴이 나왔을 때 그 상승률이 가히 폭발적이라는 점**이다.

이때 매수 진입 급소는 **패턴 확인 후 다음 캔들 시가 지점**이다. 상승 장악형 패턴은 상승의 에너지가 매우 강할 때 나오는 패턴이라 이 패턴이 나왔을 때는 이후 2개 이상의 단봉 캔들을 기다리고 나서 매수하기보다는 패턴 확인 후 그다음 캔들 시가에 바로 매수 진입하는 것이 좋다.

두 번째로, **적삼병**(3개 연속 양봉) 패턴에 대해 알아보자.

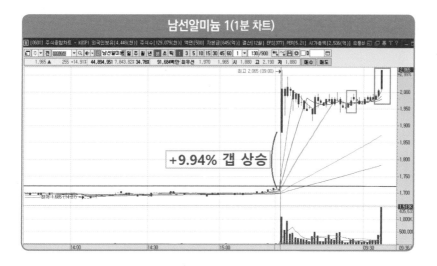

〈**남선알미늄**〉의 **1분 차트**를 보면, 장 시작과 동시에 윗꼬리가 있지만 매우 커다란 **장대 양봉 캔들**이 출현했다. 더군다나 이 장대 양봉 캔들은 +9.94%라는 매우 큰 폭의 갭 상승으로 시작해 이후에도 매우 강한 상승세가 이어질 가능성이 큼을 암시했다.

시가 갭 상승과 장대 양봉 캔들 이후 주가는 **완만한 조정**(하락 횡보, **강한 상승 이후 보통 이런 완만한 조정이 나오며, 이는 상승 세력이 에너지를 다시 보강하는 구간임**)을 보이다가 눈이 띄는 캔들 조합이 등장했다.

녹색 박스를 보면, 조정 구간에서 **적삼병**(양봉 3개가 연속)이 나오면서 직전에 하락으로 내려가던 흐름을 상승 흐름으로 전환시켰고, **주황색 박스**에서 다시 **적삼병**이 재차 출현하면서 이번에는 **직전 고점인**

2,065원까지 상승했다.

여기서 **중요한 캔들의 조합인 적삼병이 2번 이상 나오는 것이 핵심**
이며, **2번 이상의 적삼병이 나올 때 전고점을 돌파하거나 돌파 직전**
이면 이후 추가 상승 가능성이 매우 크다. 이후의 흐름을 보자.

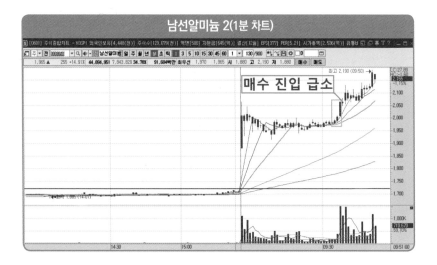

2번째 적삼병이 나오면서 주가는 직전 고점까지 힘차게 급등한 이
후를 보면, 단봉의 음봉 팽이 캔들이 나오고 나서 추가 상승이 본격
진행되었다. 즉, 적삼병 이후 바로 주가가 추가 상승에 돌입하기도 하
지만 직전 고점이라는 저항에서 매도세와 매수세가 격돌하면서 **잠깐**
쉬어가는 캔들이 나오는데 그것이 **단봉의 팽이**(팽이 모양) **캔들**이다. 이
팽이 캔들은 양봉, 음봉 모두 될 수 있으나 몸체가 아주 작은 것이 특
징이고 이 지점이 강력한 **매수 진입 급소**가 된다.

정리하면, 적삼병은 강력한 추가 상승세의 신호탄이지만 단순히 양봉 3개가 연속해서 나왔다고 매수 진입하는 것이 아니고 작삼병이 최소 2번 이상 출현하면서 **마지막 적삼병이 직전 고점을 돌파하거나 돌파 직전일 때가 추가 상승의 시작점**이 된다.

세 **번째**로, 적사병(4개 연속 양봉) 패턴에 대해 알아보자. **적사병 패턴**은 적삼병에서 양봉이 1개 더 추가되어 **연속해서 4개의 양봉이 출현하는 패턴**으로, 작삼병과 마찬가지로 매우 강력한 추가 상승세의 시작점이 된다.

〈화천기계〉의 1분 차트를 보면, **오전 9시 40분 직전 고점**(파란 평행선)을 돌파하고 바로 **정적 VI**(보라색 평행선)에 진입했다. 정적 VI 해제 이후 계속해서 직전 고점을 돌파하면서 추가 상승세를 보이던 중 **오전 10시에 아주 긴 윗꼬리 음봉**(녹색 박스 첫 봉)이 출현했다.

보통 계속된 상승 파동의 끝에 **긴 윗꼬리 음봉**이 출현하면 단기 고점 신호라고 볼 수 있는데, 녹색 박스를 보면 이상하게도 윗꼬리 음봉 이후 바로 **연속된 양봉 4개,** 즉 적사병 패턴(여기서는 양봉이 5개이나 본격 우상향은 양봉 4개임)이 나타났다. 이것은 윗꼬리 음봉 고점에 매수한 개미 투자자들의 손절을 유도한 후 이 손절 물량을 밑에서 세력이 모두 받고 다시 상승시켰다고 볼 수 있다.

또한 적사병 패턴이 나오면서 직전 윗꼬리 음봉의 고점까지 돌파했고, 돌파 이후 크게 반락하지 않고 **단봉이 2개 이상 나오면서 진짜 돌파**(Chapter 02 돌파 편 참고)임을 확인시켜줬다. 이 지점이 바로 매수 진입 급소 지점이 되며, 이후 흐름을 보도록 하자.

윗꼬리 음봉의 고점을 돌파하면서 출현한 적사병 패턴(녹색 박스)이 출현했고 이후 **단봉의 음봉의 2개** 나온 것이 확인되고 나면 이 지점

이 **강력한 매수 진입 급소**(빨간색 화살표)가 된다. 매수 진입 이후 주가는 약간의 등락을 거치고 나서 단 6분 만에, 매수 진입 이후로는 15분 만에 +9% 정도 추가 급등했다.

이렇게 **적사병 패턴도 적삼병 패턴과 함께 강력한 추가 상승 신호**가 되며 특히, 윗꼬리 음봉과 같은 속임수 음봉이 나오고 나서 적사병 패턴이 나오면 더욱 **강력한 매수 급소 지점**(물론 앞의 윗꼬리 음봉이 속임수 음봉인지는 이 경우처럼 적사병 패턴이 바로 나와야 알 수 있다)이 된다.

성공적인 주식 매매를 위해서는 기법도 중요하지만 심리가 중요한데 세력들은 이 종목의 경우처럼 단기 급락으로 개미들의 손절을 유도한 후 다시 급등시킬 때는 손절한 개미들이 다시 매수로 따라오지 못하게 굉장히 빠른 속도로 급등시키는 경향이 크므로 수익을 극대화하기 위해서는 이런 세력들의 심리를 이용할 수 있어야 한다.

그리고 여기서도 마찬가지로 녹색 박스에서 **적사병 패턴이 나오기**전에 **적삼병 패턴이 2개 이상 앞에서 출현**(3개의 주황색 동그라미)한 것을 볼 수 있는데, 진정한 추가 상승 전에는 이렇게 **적삼병 패턴이 지속적으로 나온다는 것을** 명확히 인지하고 있는 것이 중요하다.

네 번째로, **양음양, 양양음양, 양음양양, 양음음양** 등 양봉과 음봉이 섞여서 나오는 위력적인 패턴들을 살펴보자.

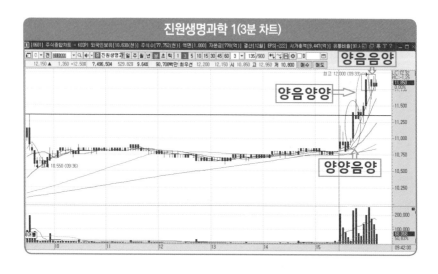

〈진원생명과학〉의 **3분 차트**에서 우선 파란색 동그라미 **부분을 보면,** 양봉캔들이 2개 연속 출현하고 윗꼬리 음봉이 나온 후 다시 윗꼬리 음봉의 몸체를 장악하는 양봉 캔들이 발생한 것을 알 수 있다. 즉, **양봉 2개+음봉+양봉인 양양음양의 캔들 조합**이 나왔다. 이 캔들 조합은 초반 연속 양봉에서 매수세의 힘이 매도세를 압도한 후 이식 매물이 나오면서 생기는 음봉을 또다시 매수세가 힘차게 이겨내는 패턴으로, 매우 위력적인 패턴이다.

그런데 여기서 눈여겨봐야 할 부분은 이날 **시가**(장 시작 가격) 장대 양봉 캔들의 윗꼬리 고점 부분을 이 **양양음양 캔들 조합**이 돌파했다는 점이다. 앞에서 **적삼병, 적사병 패턴**에서와 같이 위력적인 캔들 조합이 나옴과 동시에 직전 고점을 강하게 돌파했을 때 신뢰도가 더욱 높다.

양양음양 캔들 조합 이후 주황색 동그라미에서는 **양봉+음봉+양봉 2개**인 **양음양양의 캔들 조합**이 출현했다. 이 **양음양양 캔들 조합**도 **양양음양 캔들 조합**과 비슷한데 다른 점은 양양음양 캔들 조합은 초반부터 연속양봉으로 매수세가 매도세를 압도하는 반면, **양음양양 캔들 조합은 초반에는 매수세가 매도세보다 약간 우위를 점하다가 뒤로 갈수록 매수세의 힘이 매도세를 크게 압도**한다는 데 있다. 역시 위력적인 캔들 조합이다.

이 양음양양 캔들 조합의 경우에도 직전 양양음양 캔들 조합에서 생긴 윗꼬리 음봉의 고점 즉, **직전 고점**을 강하게 돌파했기 때문에 신뢰도가 높아져 이후 강한 추가 상승세를 예상해볼 수 있다.

여기서 또 한 가지 살펴볼 것은, 양양음양, 양음양양 캔들 조합이 나오면서 중간에 **양음양 캔들 조합**도 함께 나왔다는 것이다. 즉, **양봉+음봉+양봉**인 **양음양 캔들 조합**도 결국 매수세가 매도세를 압도한 후 나오는 이식 매물을 다시 매수세가 장악했다는 점에서 강한 캔들 조합이지만 이렇게 양양음양이나 양음양양 캔들 조합과 함께 나올 때 그 위력이 더욱 강력해진다. **첫 번째** 상승 장악형 **패턴**에서 예시로 들었던 〈알티캐스트〉를 다시 보면 여러 캔들 조합이 중첩해서 출현해 더욱 강력한 추가 상승세가 진행되었다고 볼 수 있다.

양음양양 캔들 조합이 나온 이후에는 또 다시 위력적인 캔들 조합이 등장하는데 그것은 **양음음양 캔들 조합**니다. 양봉이 1개 나오고 이후 음봉이 연속해서 2개 출현해 이식 매물이 많아졌지만, 다음 양봉 캔들이 이 2개의 음봉을 모두 장악하는 것으로 이 조합은 자주 나오지는 않지만 나오면 강력한 매수 진입 패턴이며, 이 역시 다른 위력적인 캔들 조합과 함께 출현할 때 그 신뢰도가 더욱 높아진다.

그럼 이후의 흐름이 어떻게 전개되는지 살펴보자.

녹색 박스 부분에서 **양양음양, 양음양, 양음양양, 양음음양**의 위력적인 캔들 조합이 중첩되어 나온 이후 추가 상승세가 매우 강력한 것을 확인할 수 있다. 마지막 양음음양 캔들 조합 이후 주가는 +9%가 넘게 추가 상승했다.

이렇듯, 위력적인 캔들 조합 자체도 강력한 추가 상승을 예고하지

만, 그 위력적인 캔들 조합이 여러 가지 중첩적으로 나타날 때 더욱
신뢰도가 높아지고 화력도 더욱 강해지므로 실전에서 꼭 적용할 필
요가 있다.

2중 장악형은
반드시 매수하라!

앞에서 상승 장악형 패턴은 강력한 추가 상승을 예고한다고 설명했는데, **상승 장악형이 2번 연속** 나오는 경우가 있다. 이를 **2중 장악형 패턴**이라고 하는데, 이 역시 실전에서 드물게 나오지만 한번 나오

면 그 위력이 대단히 강하다.

〈이루온〉의 **1분 차트**를 보면, 이날 시가부터 **전일 고점**(파란 평행선)을 **넘는** 갭 상승 출발과 함께 급등 장대 양봉이 나온 이후 곧바로 이식 매물을 장악하는 양봉 캔들 패턴 즉, **상승 장악형 패턴이 2번 연속해서 출현**했다. 이를 **2중 장악형 패턴**(녹색 동그라미)이라고 하며, 상승 장악형이 1번 나올 때보다 더욱 강력한 추가 상승을 예고하는 위력적인 캔들 조합이다.

2중 장악형 패턴이 나온 이후 이식 매물이 나오면서 음봉이 3개 정도 나왔는데, 음봉들의 크기가 직전 양봉들의 크기에 비해 현저히 작고 음봉들 사이에 윗꼬리 양봉이 섞여 있는 것이 하락세의 힘이 그리 크지 않다는 것을 암시하고 있다. 이를 증명하듯 뒤이어 오전 9시 13분에 바로 **상승 장악형 양봉 캔들**이 나왔는데, 이 양봉 캔들의 크기가 앞의 음봉 3개를 모두 장악(〈이루온 2〉에서 주황색 박스)할 정도로 커서 이후 추가 상승이 제법 크게 나올 수 있음을 나타내고 있다고 할 수 있다. 이후의 흐름을 보도록 하자.

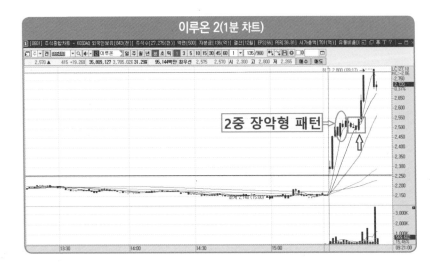

이루온 2(1분 차트)

2중 장악형 패턴

2중 장악형 패턴(녹색 동그라미)이 나오고 다시 한번 **상승 장악형 패턴**(주황색 박스)이 나오고 난 후 주가가 수직 급등해서 상한가에 진입했다. 이렇게 2중 장악형 패턴은 매우 위력적이지만 자주 출현하는 패턴이 아니기 때문에 발생했을 때 기회를 놓치면 안 된다.

보통 2중 장악형 패턴이 나왔을 때 바로 매수 진입 급소가 되며, 이 〈이루온〉처럼 2중 장악형 패턴이 나오고 바로 급등하지 않을 때는 상승 파동이 추가로 필요한 경우에 해당되므로 다시 주가가 2중 장악형 패턴 완성 지점까지 올라올 때가 추가 매수 타이밍이다.

2중 장악형 패턴의 완성 지점이 매수 진입 급소가 되고 이후 바로 급등하는 경우를 보도록 하자.

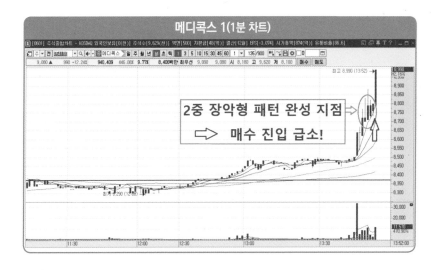

메디콕스 1(1분 차트)

〈메디콕스〉의 **1분 차트**를 보면, 녹색 동그라미 지점에서 **2중 장악형 패턴이 완성**되었다. 지금까지 어떤 종목이든 기본적으로 뼈대를 갖춘 안정적인 상승 파동으로 움직이는 것이 장중 단타 종목 선정의 대전제가 되어야 한다고 강조했는데, 이 〈메디콕스〉의 경우 2중 장악형 패턴이 나오기 전에 상승 파동이 안정적으로 진행되어 이 대전제를 만족하고 있음을 알 수 있다.

이런 상황에서 강력한 추가 상승 패턴인 **2중 장악형 패턴이 완성되었을 때 매수 진입 급소**가 되며 여기서는 패턴 완성 후 바로 다음 봉에서 매우 큰 장대 양봉 캔들이 나왔다. 이후의 흐름을 보도록 하자.

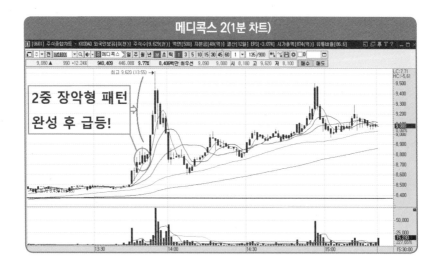

2중 장악형 패턴 완성(녹색 동그라미) 후 곧바로 +9%가 넘는 강력한 급등이 나온 것을 볼 수 있다. 만약 2중 장악형 패턴 완성 지점에서 바로 매수 진입하지 못했다면 자칫 급등하는 주가를 보고만 있게 될 수 있으므로 머뭇거리지 말고 과감하게 매수 진입하는 것이 좋다.

실전 투자에서는 **매수 진입 급소 이후 바로 급등하는 경우가 많기 때문에** 항상 명확한 매수 급소 자리를 자세히 공부해 머릿속에 넣어 두고 급소 자리라면 머뭇거리지 말고 일부라도 매수하는 습관을 들이는 것이 좋다. 대부분 실패하는 투자자들은 과감하게 들어가야 할 자리에서 들어가지 못해 아쉬운 마음에 고점을 찍고 하락할 때 매수하는 경향이 많은데, 이는 물타기와 같기 때문에 특히 장중 단타에 있어서는 치명적인 손실로 이어질 수 있음을 명심해야 한다.

피해야 할 캔들의
움직임 및 유형

이번에는 피해야 할 캔들 및 캔들 조합에 대해 살펴보자. 매수 진입 후 다음의 캔들 움직임 및 유형이 나타난다면 무조건 매도해야 하며, 신규 매수라면 절대로 매수 진입하면 안 된다.

첫 번째로, 고점에서 **음양음 캔들 조합 패턴**은 무조건 매도하거나 매수하지 않는다. **음양음 캔들 조합**은 양음양 **캔들 조합의 정반대 개념**이라고 생각하면 된다.

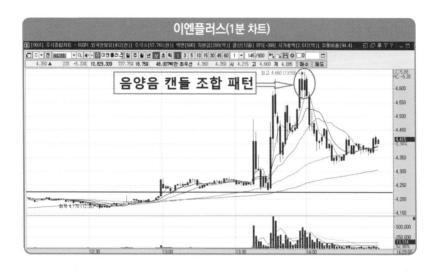

<이엔플러스>의 **1분 차트**를 보면, 파란색 동그라미 지점에서 **음양 음 캔들 조합**이 나타났다. 이 지점은 직전에 올라온 상승 파동에서 크게 하락 조정받는 부분이 3곳이나 있어 단기 고점이라고 할 만한 자리이고, 여기서 **음양음 캔들 조합**이 출현했다는 것은 이후 급락할 가능성이 크다는 것을 암시한다.

여기서 음양음 캔들 조합 이전에 양양음양과 양음양 캔들 조합이 나왔다고 생각하는 사람들이 있을 수 있는데, 자세히 보면 마지막 양봉의 종가가 직전 음봉의 고점을 넘는 완벽한 돌파가 나오지 않았을 뿐만 아니라 직전 음봉의 시가도 넘지 못해 양봉이 음봉을 완벽히 장악하지도 못했다.

고점 부근에서 음양음 캔들 조합이 나온 이후 주가는 가파르게 급

락하는 것을 볼 수 있다. 절대 고점에서 이 패턴이 나왔을 때는 매수하거나 매도를 머뭇거려서는 안 된다.

두 번째로, 고점에서 **하락 장악형 패턴**이 나온 이후 양봉이 안 나오고 연이어 음봉이 나오면서 **음음양음 캔들 조합**이 나올 때 강력한 추가 하락을 암시한다.

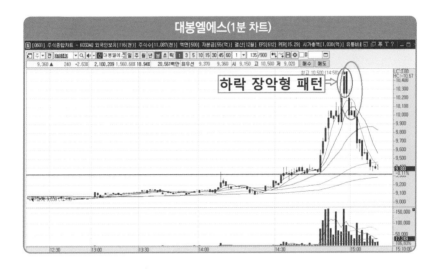

〈대봉엘에스〉의 **1분 차트**를 보면, 고점 부근에서 **하락 장악형 패턴**(파란색 동그라미)이 나오고 이후 양봉으로 받치지 못하고 연속 장대 음봉이 출현하면서 **음음양음 캔들 조합**(녹색 동그라미)이 완성되자마자 가파른 추가 급락이 나왔다.

정리하면, 우리가 앞에서 배웠던 강력한 추가 상승의 신호탄인 위력적인 캔들 조합의 정반대 캔들 조합이 고점 부근에서 발생하게 되면 매도세가 매수세를 크게 압도하는 신호이므로 절대로 매수 진입하거나 만약 주식을 들고 있다면 매도하지 않고 가만있으면 안 된다. 크게 급락하는 것은 물론이거니와 자칫 급락 이후에도 추가로 더 하락해, 장대 양봉이었던 일봉 캔들이 음봉이 될 정도로 대폭락이 나올 수도 있기 때문이다.

반드시 매수해야 할
라운드-업 매수 급소

장중 단타에 있어서 가장 중요한 것은 당일 수익을 내는 것이다. 그런데 당일 수익을 내려면 어떻게 해야 할까? 당연히 상승하는 주식을 매수 진입 급소에서 매수해야 수익이 난다. 그런데 실패하는 투자자들을 보면, 급등 후 하락할 때 눌림목이라고 생각하고 아무 자리에서나 매수하고 주가가 올라가기를 기도한다.

그런데 결과는 보통 어떤가? 간절한 기도와 정반대로 주가는 올라가다 말고 더 크게 하락하는 경우가 많다. 중요한 것은 기도가 아니라 매수세가 매도세를 압도해서 다시 상승 파동을 타는 흔적이 보일 때 재상승 초입에서 매수해야 확실한 수익을 낼 수 있다.

그렇다면 다시 상승 파동을 타는 흔적에는 어떤 것이 있을까? 앞에

서 설명한 매수 진입 급소 자리가 모두, 다시 상승 파동을 타는 흔적
에 해당되지만 여기서는 또 다른 강력한 재상승 패턴인 **라운드-업 패**
턴과 매수 진입 급소에 대해 알아보자.

〈**제주은행**〉의 **1분 차트**를 보면, 오후 2시 전후로 다시 상승 파동을
타면서 주가가 대략 9,000원에서 9,620원까지 상승했다. 이후 주가
는 하락 조정을 보였는데, 이상한 점이 눈에 띈다. 주황색 박스를 잘
보면, 조정을 보이며 반락했던 주가가 **2중 장악형 패턴**(첫 번째 녹색 동
그라미)과 **양양음양 캔들 조합**(두 번째 녹색 동그라미)이 중첩적으로 나오면
서 하락 조정이 시작된 지점까지 **U자 형태**를 그리면서 반등했다. 이
U자 형태가 **라운드-업 패턴**이다.

이 **라운드-업 패턴**은 강력한 재상승 패턴이며 이 패턴이 확인된 지
점이 **다시 진행되는 추가 상승 파동의 초입**이라고 할 수 있다.

여기서 주황색 박스의 마지막 캔들 즉, **아랫꼬리 양봉**은 처음에는
음봉이었다가 주가가 상승하면서 **양봉**으로 마감한 캔들로 이 지점이
매수 진입 급소가 된다. 이후의 흐름을 보도록 하자.

주황색 박스에서 라운드-업 패턴이 출현한 이후 본격적인 추가 상
승이 나온 것을 볼 수 있다. 여기서 **빨간색 화살표** 지점이 **매수 진입**
급소가 되며 추가 설명하면, 이 **아랫꼬리 양봉**은 **변환 캔들**이라고 한
다. 변환 캔들은 음봉이었다가 양봉으로 바뀌거나 양봉이었다가 음
봉으로 바뀌는 캔들로, 강력한 추세 전환 캔들이다.

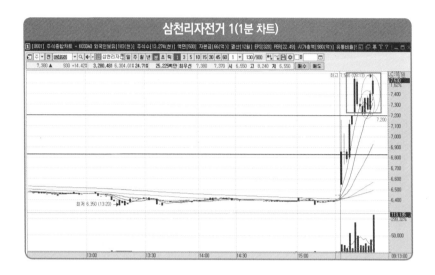

라운드-업 패턴의 또 다른 예시를 살펴보자. 〈삼천리자전거〉의 1
분 차트를 보면, 시가 갭 상승으로 시작해 첫 봉부터 강력한 장대 양
봉이 나오면서 급등한 이후 주황색 박스에서 **라운드-업 패턴이 출현**
했다.

여기서 주목할 점은 아까 〈제주은행〉에서와 마찬가지로 라운드-
업 패턴이 만들어질 때, 위력적인 캔들 조합이 중첩적으로 나온다는
것이다. 여기서는 **2중 장악형 패턴**(첫 번째 녹색 동그라미)과 **양음양양 캔
들 조합**(두 번째 녹색 동그라미)이 중첩해서 나왔다. 이후의 흐름을 보도록
하자.

라운드-업 패턴**이 완성된 이후 가파른 추가 상승**이 나왔다. 여기서 매수 진입 급소는 **라운드-업 패턴 완성 지점의** 양봉 캔들이며, 이때 위력적인 캔들 조합인 **양음양양 캔들 조합**도 함께 완성된 것을 확인할 수 있다.

라운드-업 패턴은 실전에서 자주 나오는 패턴은 아니지만 나왔을 때 그 위력이 매우 강력하기 때문에 꼭 숙지할 필요가 있다.

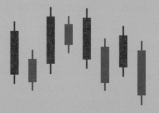

장중 단타 급소 비기 3
- 매수 편

VI(정적 변동성 완화장치)
활용 비법

이번 장에서는 Chapter 01에서 설명했던 VI(정적 변동성 완화장치)에 대해 좀 더 자세히 살펴보도록 하자.

Chapter 01에서 언급했지만 VI에는 동적 VI와 정적 VI가 있는데, 실제 발생 빈도 면에서 동적 VI는 그리 자주 발생하지 않고 정적 VI가 하루에도 수십 종목에서 발생한다. 정적 VI는 일률적으로 시가 대비 +10%만 상승해도 발동되기 때문이다.

이렇게 자주 발생하는 정적 VI는 단순히 변동성 완화장치 이상의 의미를 지닌다.

우선, 시가 대비 +10% 상승했다는 것은 해당 주식이 당일 강력한 에너지를 어느 정도 가지고 있음을 나타내며, 여기에 당일 시가(시작 가격)가 갭 상승으로 시작했다면 정적 VI 진입 가격은 전일 종가 대비 +10% 이상에서 형성되기 때문에 상승 에너지는 더욱 강력하다고 할 수 있다.

또한, 강력한 에너지를 바탕으로 상승하던 주가가 정적 VI로 인해 2분간 일시 정지해 있으므로 이 시간 동안 앞에서 올라온 파동과 패턴의 흐름을 분석할 수 있게 해준다.

마지막으로, 가장 중요한 것은 정적 VI가 해제되고 난 후에 나오는 첫 캔들이 어떤 캔들인지를 명확히 확인할 수 있는 기준이 된다. 정적 VI가 해제된 이후 첫 캔들이 매우 중요하기 때문이다.

이렇듯 정적 VI는 강력한 에너지를 가지고 있는지에 대한 판단 기준이 되며 그것을 분석할 수 있는 시간적 여유까지 주고 해제 이후의 첫 캔들에 대한 기준이 되기 때문에 정적 VI에 진입한 종목은 무조건 매매 대상 후보로 선정해 잘 살펴봐야 한다.

그러면 실전 사례를 통해 정적 VI를 활용하는 방법에 대해 살펴보자.

〈쏘카〉라는 종목의 **1분 차트**를 보면, 오후 12시 13분까지 완만한 상승 추세가 진행되다가 오후 12시 14분에 강력한 장대 양봉 캔들이 나오면서 가파른 상승 추세로 변하면서 오후 12시 38분에 **정적 VI에 진입**(보라색 평행선)했다. (참고로 **파란색 평행선**은 **전일 고점선**)

정적 VI에 진입했다는 것은 시가 대비 +10% 상승했다는 것이므로 상승 에너지가 강력해야 하는 매수 후보 종목 선정 1차 조건을 만족한다.

두 번째로 정적 VI에 진입하면 앞에서 설명했듯이 2분간 거래가 정지되고 동시호가(동시에 접수된 호가)가 진행되기 때문에 이 시간에 정적 VI에 진입하기 전 상승 파동과 흐름이 어떤지 살펴본다.

주황색 박스를 보면 이 종목은 **정적 VI에 진입하기 전에 뼈대가 있는 안정적인 상승 파동**(Chapter 01에서 자세히 설명했으니 참고 바람)을 보이고 있고, 또한 상승할 때마다 충분한 거래량이 터지고 있는 것(뼈대가 있는 안정적 상승 파동이 진행될 때는 거래량이 당연히 상승 시마다 많이 터짐)을 확인할 수 있기 때문에 매수 후보 종목 선정 2차 조건도 만족한다.

다음으로 정적 VI가 해제된 후에 첫 캔들이 어떤지 살펴보면, 오후 12시 40분 정적 VI 해제 이후 첫 캔들이 깔끔한 장대 양봉 캔들임을 확인할 수 있다.

여기서 중요한 것은 정적 VI 이후 첫 캔들은 양봉 캔들 그것도 몸체가 긴 장대 양봉 캔들이 나오는 것이 좋고, 만약 음봉 캔들이 나왔을 경우에는 무조건 음봉의 종가가 정적 VI 진입가보다 높아야 한다. 즉, 음봉 캔들이 갭 상승으로 떠 있어야 한다.

이 사례 종목에서는 **정적 VI 이후 첫 캔들이 장대 양봉 캔들**이기 때문에 매수 후보 종목 선정 3차 기준도 만족한다. 그럼 이후의 흐름을 살펴보도록 하자.

쏘카 2(1분 차트)

정적 VI 해제 이후 흐름

　　빨간색 박스를 보면, 정적 VI 해제와 동시에 장대 양봉 캔들이 출현한 이후 정적 VI 이전과 흡사한 가파른 상승 파동이 진행된 것을 확인할 수 있다. 정적 VI 이후 첫 장대 양봉 종가 기준으로 +8%가 넘는 상승이 나왔으니 장중 단타에 있어서는 중대박 기회라고 할 수 있다.

또 다른 실전 사례를 살펴보자.

〈한일화학〉 1분 차트의 주황색 박스 부분을 보면, 매우 강하지는 않지만 지속적인 우상향의 상승 파동 흐름을 보이다가 오후 2시 2분에 정적 VI에 진입(보라색 평행선)했다. (참고로 파란색 평행선은 전일 고점선)

앞의 〈쏘카〉의 사례와 마찬가지로 **정적 VI 진입 전에 뼈대가 있는 안정적인 상승 파동**이 나왔고, **정적 VI 이후 첫 캔들이** 장대 양봉으로 이후에도 지속적인 상승 흐름이 나올 것이 예상되는 상황이다. 이후 흐름을 보자.

한일화학 2(1분 차트)

정적 VI 해제 이후 흐름

정적 VI 해제 이후 나온 첫 캔들은 장대 양봉이 좋고 **장대 양봉 중
에서 몸체가 길수록 더욱 좋다**고 했는데, 몸체가 길수록 상승의 힘이
더 강하기 때문이다. 이 경우에도 앞의 〈쏘카〉와 마찬가지로 장대 양
봉의 몸체 크기가 큰 것을 확인할 수 있고, 장대 양봉 이후에 주가가
지속적으로 강하게 상승하는 것을 확인할 수 있다.

이번에는 정적 VI 이후의 첫 캔들이 **음봉**인 경우를 살펴보자.

〈**해성티피씨**〉의 **1분 차트**를 보면, 오전 9시 12분 강하게 정적 VI에 진입했다. 정적 VI 진입하기 전 상승한 흐름을 보면 어느 정도 뼈대가 있는 상승 파동이 진행(주황색 박스)된 것을 확인할 수 있다. (참고로 **파란 색 평행선**은 **전일 고점선**)

이제 정적 VI가 해제된 이후 첫 캔들이 어떤 캔들인지 확인할 차례 인데, 여기서는 **음봉 캔들**이 출현했다. 그런데 자세히 보면 음봉 캔들 이 정적 VI 진입 가격 위에서 갭으로 떠 있는 것을 알 수 있는데, 음봉 일 경우 이렇게 갭 상승한 상태여야 매수 후보가 될 수 있다.

또한, **음봉의 몸체가 이 경우처럼 단봉인 것이 좋다.** 음봉 캔들은 기본적으로 하락세가 상승세보다 강하다는 것인데 몸체가 길수록 하락세가 더욱 강하다는 뜻이기 때문이다.

갭 상승한 단봉의 음봉 캔들이 나온 이후 주가의 상승 추세가 지속된 것을 확인할 수 있다. 물론 음봉이 정적 VI 이후에 첫 캔들로 나왔을 때는 조금 더 확인할 사항이 있는데 그에 대해서는 다음 꼭지에서 자세히 다룬다.

정리하면, 정적 VI가 본격 상승의 시작점이 될 수 있는 조건을 확실히 파악하는 것이 중요하다. 왜냐하면, **조건에 부합하기만 하면 본격적인 추가 상승의 시작점은 정적 VI 이후이며**, 이때 매수 진입해야 수익을 극대화할 수 있기 때문이다.

VI 핵심 기법 1
- 파동과 패턴 조합하기

앞에서는 정적 VI 전후로 매수 후보 종목이 될 수 있는 필수조건에 대해 살펴봤는데, 이번에는 조금 더 자세하게 정적 VI 핵심 기법과 매수 진입 급소에 대해 알아보자.

첫 번째 정적 VI 핵심 기법은 파동과 패턴 조합이다. 좋은 상승 파동일수록 좋은 패턴이 따라 나오기 때문에 동시에 파악하는 것이 핵심이다. 실전 사례를 통해 자세히 공부해보자.

〈지투파워〉의 **1분 차트**를 보면, **정적 VI 진입**(보라색 평행선)하기 전
에 **뼈대 있는 안정적 상승 파동의 흐름**이 진행되었고 정적 VI 해제 이
후 첫 캔들이 **양봉 캔들**임을 알 수 있다. 그런데 정적 VI 이후 첫 양봉
캔들의 몸체가 크지 않고 **단봉**인 게 아쉬운 상황이다. (참고로 파란색 평
행선은 **전일 고점선**)

주황색 동그라미를 보면, 이 때문에 첫 캔들이 양봉임에도 바로 상
승하지 못하고 **단봉인 음봉이 3개 출현**하면서 살짝 하락했다. 하지만
곧이어 **이 3개의 음봉 캔들을 한 번에 거의 장악하는 윗꼬리 양봉 캔**
들이 나오고, **연이어 직전 고점을 돌파하는 양봉 캔들이 연속**해서 나
왔다. 여기까지의 모양을 패턴으로 표현하면 **V자 패턴**이 출현했다고
할 수 있다.

보통 V자 패턴은 바닥권에서 나오는 반전형 패턴 중 하나로 강력한 추가 상승을 암시하는 패턴이다. 그런데 **반전형 패턴이 상승 추세 중간에 나타났을 때는 강력한 추세 지속형 패턴으로 변신한다.** 더군다나 이 V자 패턴이 정적 VI 이후에 출현했다는 것은, 더욱 강력한 추가 상승이 진행될 것을 예고한다고 할 수 있다. 이후의 흐름을 보도록 하자.

빨간 박스를 보면, 정적 VI 이후 V자 패턴이 출현한 뒤, 단 1개의 음봉 없이 연속 양봉이 지속적으로 나오면서 상한가까지 직행한 것을 알 수 있다. 여기서 매수 진입 급소는 **정적 VI 전후 분석을 통한 매수 후보 종목 선정 후 V자 패턴이 나온 것이 확인되는** 빨간 화살표 지점이다.

또 다른 실전 사례를 살펴보자.

〈**동국산업**〉의 **1분 차트**를 보면, **정적 VI 진입**(보라색 평행선) **이전에 뼈대 있는 안정적 상승 파동이 진행되었고, 정적 VI 해제 이후 첫 캔들이 양봉 캔들**임을 알 수 있다. 여기서도 양봉 캔들이 단봉이나 이 경우에는 단봉의 양봉 캔들 이후에 음봉이었다가 양봉으로 변하는 **변신 캔들**(아랫꼬리 양봉)이 출현하면서 바로 추가 상승이 나왔다. 이렇게 음봉 캔들에서 양봉으로 변하는 **변신 캔들**이 나올 경우에는 이 지점에서 매수 진입할 수 있다. (참고로 파란색 평행선은 **전일 고점선**)

그런데 바로 추가 상승이 나온 이후 이상한 점이 발견되었다. 주황색 동그라미를 보면, 앞의 경우와 비슷하게 **3개의 음봉 캔들**을 **3개의 양봉 캔들**이 장악하면서 **V자 패턴이 완성**된 것이다. 이후의 흐름을 보자.

V자 패턴 완성 후 가파른 추가 상승에 다시 한번 진행된 것을 볼 수 있다. 이때 매수 진입 급소는 **V자 패턴이 완성된** 빨간색 화살표 지점이다.

여기서 중요한 점은 **정적 VI 이후에 바로 상승이 나와서 높은 위치라 매수 진입이 부담스럽더라도 V자 패턴이 출현한다면 그 지점에서 과감히 다시 매수 진입할 수 있어야 한다.** 장중 단타 매매의 핵심은 높은 곳에서 매수해서 더 높은 곳에서 매도하는 것이다.

참고로 **보라색 화살표** 지점은 앞에서 설명한 변신 캔들, 즉 **음봉 캔들이 양봉 캔들로 변신**하는 지점으로 이 지점도 매수 진입 급소가 된다.

VI 핵심 기법 2
– 패턴과 캔들 조합

    정적 VI 핵심 기법 두 번째는 패턴과 캔들 조합이다. 정적 VI 전후로 매수 후보가 될 만한 조건이 만족되어야 하는 것은 기본이고 여기에 정적 VI 이후 강력한 추가 상승을 예고하는 패턴과 캔들의 조합이 있으며 그때 매수 진입 급소가 어딘지 살펴보자.

삼진엘앤디(1분 차트)

정적 VI 이후 W패턴과
장악형 캔들 패턴 동시 출현

〈삼진엘앤디〉의 **1분 차트**를 보면, 오전 10시 11분에 정적 VI에 진입하기 전에 **뼈대가 있는 안정적 상승 파동**이 나왔고 **정적 VI(보라색 평행선) 이후 첫 캔들이 단봉이지만 양봉 캔들이 출현**했다. (참고로 **파란색 평행선은 전일 고점선**, **주황색 평행선은 2차 정적 VI선**임)

양봉 캔들이 단봉이라 그다음에 연속 2음봉의 하락 조정이 나왔으나 이후 아랫꼬리 양봉이 나오면서 재상승했는데, 파란색 동그라미 부분을 보면 재상승할 때 **양양음양, 양음양 캔들 조합과 상승 장악형 캔들 조합**이 한꺼번에 출현했다. 이후 다시 하락 조정이 나온 후, 이번에는 앞의 **하락 3음봉을 한 번에 장악하는 장대 양봉**(빨간색 동그라미 부분)이 다시 나오면서 고점을 지속적으로 높이고 있는 것을 확인할 수 있다.

여기까지의 흐름을 통해 **강력한 반전형 패턴인 W패턴이 완성되었**다. W패턴도 앞의 V자 패턴과 마찬가지로 바닥권에서 대표적인 반전형 패턴 중 하나인데, 이렇게 상승 파동 중간에 출현하게 되면 강력한 추세 지속형 패턴으로 변하는 특성이 있다. 이때 매수 진입 급소는 W패턴을 완성하는 장대 양봉의 종가 확인 후 다음 캔들의 종가(빨간색 아래 표시 화살표)가 된다.

정리하면, 정적 VI 전후로 매수 후보 조건에 해당되는 주식이 정적 VI 이후 핵심 캔들 조합과 W패턴이 중첩해서 나타날 때 강력한 추가 상승을 암시하며, 이 사례에서는 **매수 진입 급소에서 +6.3%의 추가 상승**이 나왔다.

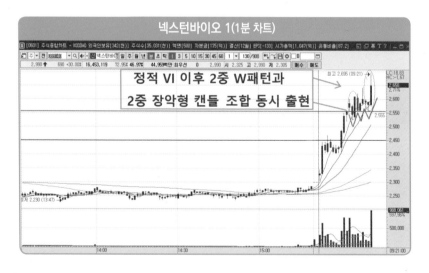

〈넥스턴바이오〉의 1분 차트를 보면, 정적 VI에 진입(보라색 평행선)하기 전에 뼈대 있는 안정적인 상승 파동이 진행되었고 정적 VI 이후 첫

캔들이 음봉 캔들이긴 하나 단봉 캔들이며 갭 상승으로 떠 있는 상태로 매수 후보 조건에 부합한다. (참고로 **파란색 평행선**은 **전일 고점선**)

첫 번째 파란색 동그라미 부분을 보면, 정적 VI 해제 후 단봉의 음봉 캔들 다음에 추가로 음봉이 나와 하락 조정을 보였으나 이 **2연속 음봉을 한 번에 장악하는 장대 양봉 캔들**이 곧이어 나왔고, 다시 음봉으로 반락했으나 2연속 양봉이 바로 나오면서 고점을 높였고, 두 번째 파란색 동그라미 부분에서 또다시 나온 2연속 음봉을 종가 기준으로 완벽하게 장악하는 장대 양봉 캔들이 출현했다.

여기까지의 흐름을 보면, W패턴이 확실히 완성되었으나 W패턴 2개가 중첩적으로 나왔다고 볼 수 있다. 이렇게 **W패턴이 2중으로 나왔을 때는 하나의 W패턴보다 더 강력한 추가 상승을 암시**한다고 보면 된다.

또한 2중 W패턴이 완성되는 과정에서, **2개의 파란색 동그라미 부분에서 상승 장악형 패턴이 시간 차로 2번 연속해서 출현**했는데, 당연히 상승 장악형 패턴 조합이 1번 나왔을 때보다 더 강력하다.

이렇게, **패턴과 캔들 조합 모두 더욱 강력한 모습으로 출현했을 때는 2중 W패턴을 완성하는 장대 양봉 종가 확인 후 다음 캔들 시가에서 바로 매수 진입**하는 것이 좋다. 그럼 이후의 흐름과 매수 진입 급소를 알아보도록 하자.

2중 W패턴과 2중 상승 장악형 캔들 조합이 동시에 출현한 이후, 주가는 바로 엄청난 상승 각도를 보이며 1분봉 단 3개로 상한가까지 **직행**했다. 이때 매수 진입 급소는 앞에서 설명했듯이 2중 W패턴 완성 장대 양봉 종가 확인 후 바로 다음 캔들 시초가 부근(왼쪽 방향 빨간 화살표 지점)이다.

보통의 경우보다 더욱 강력한 패턴과 캔들 조합이 중첩되어 나타나 추가 상승 에너지가 너무 강해서 2중 W패턴을 확정 짓는 장대 양봉 이후 단봉 캔들을 허용하지 않을 가능성이 커 단봉을 기다리지 말고 바로 매수 진입해야 한다. 즉, 단봉의 음봉 1~2개를 기다리다가 매수를 하지 못한다면 엄청난 수익 기회를 놓치게 된다. 이 사례에서는 **매수 진입 급소에서 상한가까지 +10%가 넘는 추가 상승**이 **단 5분** (2차 정적 VI 진입 후 2분 동시호가 포함) 만에 나왔다.

정리하면, 정적 VI 전후 매수 후보 선정 조건에 해당되는지 꼭 먼저 파악해야 하며, 정적 VI 이후 **강력한 W패턴과 상승 장악형 캔들 조합이 중첩되어 나올 때 확실한 수익 기회**가 생기니 반드시 숙지하고 있어야 한다.

본격 시세는 엘리어트
5파에서 시작한다

주식에서 파동은 다음과 같이 엘리어트 파동으로 이루어져 있다.

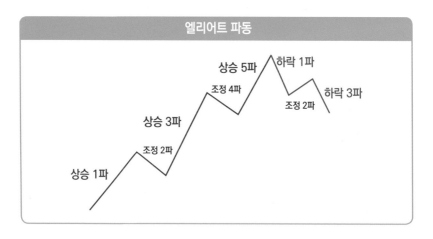

엘리어트 파동은 상승 5파 이후 하락 3파가 상승 파동의 한 세트라고 할 수 있는데, 보통의 주식 책에는 이것만 나와 있다.

즉, 보통의 주식 책에는 엘리어트 파동에 대한 기본적인 세부 설명, 예를 들어 상승 5파에서 1파, 3파, 5파는 상승 충격 파동으로 이중 3파의 길이가 가장 길어야 하고, 2파, 4파는 상승 조정 파동으로 4파의 저점이 2파의 저점 아래로 내려가면 안 되며 상승 5파 이후에는 반드시 하락 3파가 나온다는 기본적인 내용만으로 끝이다. 실전에서 엘리어트 상승 5파를 어떻게 활용해야 수익이 날 수 있는지, 어떤 변칙이 자주 나오는지에 대한 내용은 전무하다.

실전에서는 보통의 주식 책처럼 상승 5파도 아주 정석적으로 예쁘게 나오는 것도 아니고, 상승 5파 이후에 반드시 하락 3파가 나오는 것도 아니다. 강력한 추가 상승을 예고하는 주식은 상승 5파 이후 하락 3파가 나오지 않고 오히려 본격적인 추가 상승 시세가 나오는 경우가 매우 많다.

주식은 심리이며 세력들은 개인 투자자들이 익히 알고 있는 내용을 역이용하며 시세를 주도하기 때문에 기본적인 내용은 확실히 숙지하되 실전에서 세력들의 의도를 빨리 파악하는 것이 중요하다.

그럼 실전 사례를 통해 엘리어트 상승 5파 이후에 강력한 추가 상승이 지속되는 경우와 이때 매수 진입 급소에 대해 알아보도록 하자.

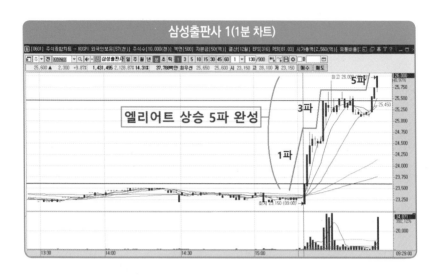

삼성출판사 1(1분 차트)

엘리어트 상승 5파 완성

5파

3파

1파

《삼성출판사》의 **1분 차트**를 보면, 장 시작부터 장대 양봉이 연속해서 나오면서 **엘리어트 상승 5파가 완성**(주황색 사선과 평행선)되었다. 그런데 여기서부터 보통 주식책에서 설명하는 엘리어트 상승 5파와 실전이 다르다. 엘리어트 상승 5파 중 상승 3파가 상승 1파보다 길어야 하는데 종가 기준으로 보면 상승 3파가 상승 1파보다 짧은 것을 확인할 수 있다. (참고로 **파란색 평행선은 전일 고점선, 보라색 평행선은 정적VI선**)

세력들은 실전에서 이런 식으로 변칙을 만들어내기 때문에, 상승 3파가 상승 1파보다 길이가 짧다고 매수 후보 종목에서 배제하는 우를 범해서는 안 된다.

여기서 **또 주목해야 할 점**이 있는데, 상승 5파가 진행되는 과정에서 조정 2파와 조정 4파가 일반적인 우하향의 흐름이 아니고 평평(주황색 평행선)한 것을 확인할 수 있다. 이런 상승 파동을 **계단식 파동이**라고 하는데 **실전에서 계단식 파동이 나오면서 엘리어트 상승 5파가 완성되었다면 집중해야 한다. 매수세가 매도세를 압도할 정도로 강력해서 조정 파동이 완만한 우하향조차 못 한다는 뜻이기** 때문이다.

여기까지 확인했다면 이제 엘리어트 상승 5파가 완성되었기 때문에 하락 3파가 나와야 한다고 일반적으로 알고 있는 상황에서 과연 하락 3파가 나오는지 확인해보자.

엘리어트 상승 5파 완성 후 일반적으로는 하락 3파가 나와야 한다고 알고 있는데 어떤가? **하락 3파는커녕 상승 5파가 완성되는 직전 고점을 돌파한 이후에 오히려 추가 양봉 캔들이 나오면서 2차례 추가 상승**(동그라미 1, 2)이 나왔고 2번째 추가 상승은 1번째 추가 상승보다 더욱 강력한 것을 볼 수 있다.

실전에서 **엘리어트 상승 5파가 나왔을 때 계단식 파동이 나오면서 상승 5파에서 직전 고점을 돌파할 때**는 상승 5파로 끝나지 않고 상승 7파, 상승 9파 심지어 상승 11파까지도 나올 수 있기 때문에 상승 5파 이후의 주가 움직임을 계속해서 주시해야 한다. 여기서는 상승 5파 완성 후 주가의 움직임이 조정 2, 4파와 비슷하게 옆으로 횡보하면서 평평한 모습을 보여주어 매수세가 계속해서 매도세를 압도하고 있다고 볼 수 있다.

이렇게 실전에서 세력들은 우리가 일반적으로 알고 있는 내용을 역이용해서 개인 투자자들이 매수 진입을 못하게 하고 추가 상승 시세를 내기 때문에 세력의 의도를 재빨리 파악하고 세력이 주가를 올릴 때 같이 매수해서 수익을 내야 한다.

이번에는 엘리어트 상승 5파가 계단식 파동이 아닌 일반적인 상승 5파가 나왔을 때 주가의 움직임을 살펴보자.

이노룰스 1(1분 차트)

엘리어트 상승 5파 완성

1파

3파

5파

최고 19.100(09:30)

최저 15.800(15:13)

〈이노룰스〉의 **1분 차트**를 보면, 장 시작과 동시에 +9% 이상 갭 상승으로 출발한 후 **엘리어트 상승 5파를 완성**했다. 여기서도 상승 3파가 가장 길지 않고 오히려 상승 1파보다 종가 기준으로는 길이가 짧다.

또한, 상승 5파가 교과서처럼 깔끔하지 않고 조정 4파가 조정 2파와 비교했을 때 우하향하는 하락 조정 시간이 길고 더 깊이 조정을 받아 매수세가 그리 강하지 않을 것 같은 느낌을 준다.

그런데 이런 상황에서 주가가 다시금 우상향하면서 상승 3파의 고점을 돌파했다. 어쨌든 **엘리어트 상승 5파가 완성**된 것이다. 그럼 이후의 흐름은 일반적으로 하락 3파가 나와야 하는데 과연 나왔을까? 확인해보자.

이노룰스 2(1분 차트)

이후의 흐름을 보면, 엘리어트 상승 5파 완성 후 하락 1파가 나올 듯 하다가 오히려 직전 고점을 돌파하면서 상한가까지 직행했다. 이 경우에도 하락 3파가 나오지 않고 오히려 상승 7파가 나온 것이다.

이렇게 실전에서는 상승 파동이 계속 이어지는 경우가 많기 때문에 **엘리어트 파동에서 상승 5파 뒤에 반드시 하락 3파가 나와야 한다는 고정관념을 가져서는 안 된다.**

그럼 엘리어트 상승 5파 이후에 나오는 강력한 추가 상승을 수익으로 연결시키기 위한 매수 진입 급소에 대해 공부해보자.

VI와 엘리어트 5파를 통한
매수 급소 잡기

엘리어트 상승 5파가 완성된 후 지속적인 추가 상승이 나오기 위해서는 다음의 조건들이 만족해야 한다.

첫 번째로, 엘리어트 상승 5파가 완성되는 지점이 정적 VI 진입 가격 위여야 한다. 지금까지 배운 내용이 융합되는 과정이다. 정적 VI 전에 뼈대 있는 안정적 상승 파동은 엘리어트 파동이 나왔으므로 조건에 부합하며, 강력한 상승 에너지를 갖고 있는 주식의 본격적인 상승 시세는 정적 VI 이후에서 나오기 때문에 **엘리어트 상승 5파가 완성되는 지점은 정적 VI 진입 가격보다 높아야 한다.**

두 번째로, 엘리어트 상승 5파를 완성하는 양봉 캔들은 직전 상승 3파의 고점을 당연히 넘어야 하며, 이후 주가는 일정 시간 동안 이 돌

파 양봉 종가 위에서 움직여야 한다. 여기서 일정 시간이라고 하면 보통 5~6분, 즉 1분 캔들 기준 5~6개 정도를 말한다.

만약 엘리어트 상승 5파가 완성되고 바로 완성 봉인 양봉 캔들 종가 아래로 주가가 하락한다면 하락 3파가 시작된다고 볼 수 있다. 참고로 실전에서는 하락 3파가 시작되면 여기서 끝나지 않고 하락 5파, 하락 7파, 하락 9파 심지어 하락 11파도 자주 나온다.

그럼 이 조건의 만족 여부를 앞의 예시 종목들로 확인해보고 매수 진입 급소까지 알아보자.

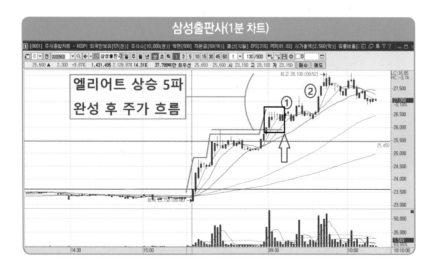

〈삼성출판사〉의 경우에 **검정색 박스 부분**을 보면, 상승 3파의 고점 (파란색 평행선)을 양봉 캔들로 돌파하면서 상승 5파가 완성되었고, 이 돌파 양봉 캔들 이후로 5~6분(1분 캔들 5~6개) 동안 이 양봉 캔들의 종가 위에서 주가가 움직이고 있음을 알 수 있다. 이것이 엘리어트 상승 5파 완성 후 하락 3파가 나오지 않고 추가 상승이 계속된다는 신호라고 할 수 있다.

여기서 매수 진입 급소는 **직전 상승 3파 고점을 돌파하는 양봉 캔들 종가를 주가가 하락 이탈하지 않으면서 돌파 양봉 캔들 종가 위에서 주가가 일정 시간인 5~6분 동안 유지**되고 있는 빨간색 화살표 지점이 된다. 이 사례에서는 매수 진입 급소인 26,500~26,550원 지점에서 주가가 28,100원까지 +6% 정도 추가 상승했다.

〈이노룰스〉의 경우에도 **검정색 박스 부분**을 보면, 직전 상승 3파의
고점(파란색 평행선)을 상향 돌파해 상승 5파를 완성하는 양봉 캔들이
출현한 후 주가가 이 양봉 캔들의 종가 위에서 5~6분 동안 움직이면
서 일정 시간 동안 돌파 양봉 캔들의 종가가 하락 이탈되지 않는다는
것이 확인되었다.

이때 매수 진입 급소는 빨간색 화살표 지점이 된다. 매수 진입 급소
지점 이후 주가는 +9% 이상 쉬지 않고 상승해 상한가에 진입한 것을
볼 수 있다.

실전에서 일정 시간 동안 특정 가격 이상을 유지하는 것은 세력이
주가를 관리한다는 명확한 증거라고 할 수 있다. 특히 그 특정 가격이
당일 시가 대비 +10% 이상 되는 정적 VI 진입 가격 위의 지점이라면
더욱 확실하다.

장중 단타 급소 비기 4
- 매도 및 검색기 편

매수 후 수익 매도 목표치
알아내는 법

자, 지금까지 주식 시장의 폭락 여부와 상관없이 주식 장중 단타로 매일 수익 낼 수 있는 여러 가지 매수 필살 기법들에 관해 설명했다. 이 기법들은 세력의 심리를 역이용하면서도 일반 개인 투자자들이 쉽게 따라 할 수 없는 기법들이기 때문에 여러 번 반복해서 공부하고 정확히 숙지하면 실전에서 굉장한 수익 성과를 올릴 수 있을 것이다.

이번 장에서는 **앞에서 배운 매수 필살 기법으로 확실히 수익을 낼 수 있는 급소에서 매수했을 때 수익 매도 목표치를 알아내는 법**에 관해 공부해보자. 보통 매수는 잘하는데 매도가 어렵다는 투자자들이 많다. 그것은 매도의 기준이 없기 때문으로 매도에서도 매수와 마찬가지로 명확한 기준이 있다. 실전 사례를 통해 상세히 알아보자.

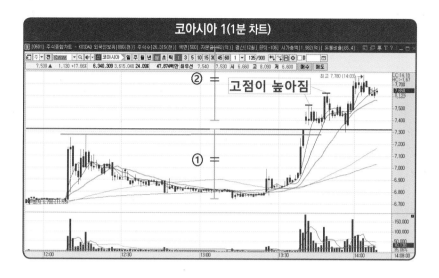

〈코아시아〉의 1분 차트를 보면, **오후 1시 39분에 7,320원으로 정적 VI에 진입**(보라색 평행선)했다. 정적 VI 진입 이전에 **오전 12시대의 1차 상승에 이은 2차 상승으로 정적 VI에 들어갔기 때문에, 뼈대 있는 안정적 파동이 나왔다고 할 수 있고,** 정적 VI 해제 이후 **단봉의 음봉 캔들이지만 갭 상승이 나왔으므로** 매수 후보 종목으로 선정할 수 있다. 또한, **정적 VI에 진입하는 오후 1시 39분의 장대 양봉 캔들이 오전 12시대의 2중 고점**(파란색 평행선)을 종가상 돌파했으므로 정적 VI 이후에 주가가 이 양봉 캔들의 종가를 이탈하지 않고 고점을 높인다면 매수 진입할 수 있다.

예상대로, **정적 VI 이후에 주가는 계속해서 고점을 높이고 있는 것을 확인**할 수 있다. 이렇게 중요한 지지선을 지키면서 고점을 계속해서 높인다는 것은 세력들이 추가 상승을 준비하고 있다고 볼 수 있다.

그러나 주가는 굉장히 높은 곳에서 움직이고 있어 매수를 진입하더라도 어느 지점까지 수익을 내고 매도해야 할지 막막하다. 이런 상황에서 필요한 것이 수익 매도 목표치를 알아내는 능력이다.

주식은 파동으로 움직인다고 Chpater 01에서 설명했다. 여기서 **중요한 점**은 상승 파동이 만들어질 때 보통 이전에 상승한 길이만큼 상승하면서 만들어진다는 것이다. 물론 아무 종목이나 이런 파동이 만들어지는 것은 아니고 상승 에너지가 강하고 앞에서 설명한 매수 진입 급소 해당되는 종목에서, 즉 세력이 강한 의지를 가지고 주가를 올리려는 종목에서 신뢰도가 높다.

동그라미 1번은 2차 상승의 저점에서 정적 VI 진입까지 상승 폭인데, 이 상승 폭만큼 정적 VI 이후 첫 번째 캔들의 종가에서 올라간 폭(동그라미 2번)의 마지막 지점이 수익 매도 목표치가 된다. 이후의 흐름을 통해 확인해보자.

이후의 흐름을 보면, 주가는 정적 VI 이후 계속해서 고점을 높이면서 결국 **동그라미 1번**의 길이만큼 추가 상승(동그라미 2번)을 했고, 이 지점에서 수익 매도한다면 완벽한 고점은 아니지만 거의 단기 최고점 부근에서 여유롭게 매도하면서 수익을 극대화할 수 있다.

여기서 **동그라미 1번**의 상승 폭을 **동그라미 2번**에 적용할 때 시작기준점은 정적 VI 이후 첫 캔들의 종가로 그 캔들이 양봉이든 음봉이든 상관없이 종가 지점이 기준이 된다. **다만, 정적 VI 이후 첫 캔들의 종가가 정적 VI 진입 가격과 같다면 그다음 캔들의 종가 지점이 기준이 된다. 즉, 최소한 정적 VI 가격을 넘어서는 캔들의 종가 지점이 상승 폭 계산의 기준점**이 된다.

이런 확실한 매도 기준을 알고 있느냐와 아니냐는 실전에서 그 결

과가 하늘과 땅 차이라고 할 수 있기 때문에, 반드시 숙지하고 있어야
한다.

또 다른 사례를 통해 매도 목표치를 설정하는 법을 살펴보자.

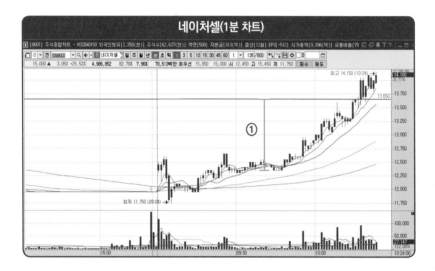

〈네이처셀〉의 **1분 차트**를 보면, 오전 10시 15분에 **뼈대 있는 안정
적 상승 파동**으로 13,650원 지점에서 **정적 VI에 진입**(보라색 평행선)했
다. 정적 VI 해제 이후 첫 캔들은 십자 모양의 양봉 캔들로 장대 양봉
캔들같이 강하지는 않지만, 매수 후보 종목으로 선정될 수 있다.

그런데 정적 VI 이후 첫 캔들이 강하지는 못했지만, **그다음에 바로
장대 양봉 캔들이 나오면서 계속해서 고점을 높이고 있는 것이 확인
되었**기에 매수 진입할 수 있다. 이때 매수 진입했다면 수익 매도 목표
치는 어떻게 될까? 이후의 흐름을 통해 알아보자.

정적 VI 이후 고점을 계속 높이던 주가는 결국 **동그라미 1번의 상승 폭만큼 추가 상승**(동그라미 2번)**한 것**을 볼 수 있다. 여기서 **동그라미 1번**의 상승 폭을 계산할 때 정적 VI 이후 첫 캔들의 종가라고 했는데, 여기서는 **첫 캔들이 십자 양봉 캔들로 정적 VI 진입 가격과 같기 때문에 그다음 장대 양봉 캔들의 종가 지점이 상승 폭 계산의 기준**이 된다.

동그라미 1번의 상승 폭이 13,650원-12,350원=1,300원으로 **동그라미 2번**의 상승 폭도 **1,300원**이 되며, 이 폭을 장대 양봉 캔들의 종가 지점인 **14,000원에 더하면 15,300원**이 나오는데 이 가격은 완벽하게 단기 최고점으로 수익 극대화 지점이다. 참고로 이날 〈네이처셀〉의 최고점 가격은 15,400원이었고, 그것도 15.300원에서 고점을 형성한 후 하락했다가 오후 2시가 넘어서야 15,400원을 찍고 다시 하락했다.

매수 후보 종목으로 선정된 종목은 세력이 계속해서 추가 상승으로 주가를 끌어올리려고 하지만 계속 흔들면서 올리기 때문에, 매도 목표치 기준이 없다면 수익을 끌고 가지 못하고 조금 먹고 매도하게 되는 경우가 많다. 이때 **매수 후 수익 매도 목표치를 알고 있다면 느긋하게 수익을 즐기면서 단기 최고점 혹은 최고점 부근에서 매도할 수 있다.**

초강력 하락 신호
캐치하기

    실전에서 주식을 매매하다 보면, 매수 진입 급소가 아닌 자리에서 수익에 대한 욕심 때문에 조급하게 매수해서 떨어지는 주가에 속수무책으로 당해 낭패를 겪는 경험이 누구나 있을 것이다. 아니면 매수 진입 급소에서 매수를 잘했는데, 대박을 꿈꾸며 상한가에 매도하려고 하다가 주가가 하락세로 전환해 줄어드는 수익에 아쉬워하며 매도하지 못하고 끌려다니다가 결국 마이너스에서 손절한 경험도 있을 것이다.

    이러한 일이 자주 발생하는 것은 매도에 대한 확실한 기준이 없기 때문이다. 매수도 중요하지만, 매도는 더욱 중요하다. 수익을 아무리 잘 내도, 급락하는 주식을 조기에 끊어내지 못하면 결국 순식간에 당일 수익이 손실로 바뀌게 되며 이런 일이 계속 반복되면 계좌는 시간이 갈수록 줄어들게 된다.

따라서 고점 부근에서 나오는 초강력 하락 신호를 빨리 파악해 조기에 탈출하는 것이 무엇보다 중요하다. 급락하는 주가 앞에서는 아무리 물타기를 해도 살아날 수 없기 때문이다. 그럼 실전 사례를 통해 고점에서 나오는 초강력 하락 신호를 파악해보자.

〈미코〉의 **1분 차트**를 보면, **정적 VI**(보라색 평행선) 이후 강한 추가 상승을 한 후 오후 1시 53분 10,050원에서 단기 고점을 찍고 주가가 하락하기 시작했다. 하락한 주가는 이전의 강한 상승 파동의 힘 때문에 9,500원 부근에서 다시 반등해 9,900원 부근까지 반등했다. 만약 이 지점 이후에 장대 양봉 캔들이 나오면서 직전 고점인 10,050원을 돌파한다면 상한가도 갈 수 있는 상황이다.

그런데 만약 이 9,900원 지점에서 음봉 캔들이 나오면서 다시 하락
한다면 **고점이 낮아지는 1차 신호**로 볼 수 있다. 이후에 어떤 상황이
전개되었는지 보도록 하자.

이후의 흐름을 보면, 추가 음봉 캔들이 나왔다가 다시 양봉 캔들이
나왔으나 직전 고점인 10,050원을 돌파하지 못하고 윗꼬리를 만들고
다시 하락한 것을 볼 수 있다.

여기서 9,500원에서 9,900원 부근까지 반등한 상승의 힘 때문에
다시 반등했으나 이번에는 **직전 최고점인 10,050원은커녕 종가상
9,900원도 안착하지 못하고 고점을 지속적으로 낮추면서 오히려 장
대 음봉 캔들이 출현**했다.

이렇게 반등이 강하게 나왔지만, **직전 고점을 계속해서 돌파하지**

못하고 고점이 2번 낮아질 때는 고점이 낮아지는 2차 신호라고 재빨리 파악하고 탈출 준비를 해야 한다. 이러한 상황에서 추가 상승의 신호탄인 장대 양봉 캔들이 나오지 않고 오히려 장대 음봉 캔들이 출현한다면 초강력 하락 신호가 나온 것이므로 이때 반드시 매도해야 한다. 여기서는 **파란색 화살표 지점**이 강력 매도 지점이 된다.

고점이 지속적으로 낮아진다는 의미는 세력이 더 이상 주가를 올릴 힘이 없거나 올리려고 하는 의지가 없다는 것이기 때문에, 이후 주가는 힘없이 급락하게 된다. 특히 오후 장 후반부로 갈수록 이런 현상이 더욱 뚜렷해지기 때문에 될 수 있으면 장 마감 1시간 전부터는 주의를 집중해야 한다.

또 다른 사례를 통해 고점이 낮아지는 신호를 파악해보자.

〈에스티큐브〉의 **1분 차트**를 보면, 오전 10시 9분까지 강하게 상승하던 주가가 고점인 19,500원을 찍고 하락했다. 이후 반등했으나 직전 고점인 19,500원을 돌파하지 못하고 **하락 장악형 캔들 조합**이 나오면서 직전 저점을 이탈하는 하락이 나왔다. 이후 다시 반등했으나, 고점이 2번 낮아지면서 재차 **하락 장악형 캔들 조합**과 2연속 음봉 캔들이 나오면서 **20 이동평균선**(노란 곡선)과 **60 이동평균선**(녹색 곡선)을 동시에 하락 이탈했다.

여기서 참고로 **2연속 음봉 캔들이 주요 지지선을 이탈하거나 이 경우처럼 주요 이동평균선들을 연속해서 하락 이탈할 때 장대 음봉 캔들과 위력이 같다.** 따라서 **이 지점이 초강력 하락 신호로 반드시 매도해서 탈출해야 한다.** 이후의 흐름을 확인해보자.

이후의 흐름을 **3분 차트**로 종가까지 살펴보면, **고점이 낮아지는 2
차 신호** 이후에 **1분 차트**에서는 지지선을 **이탈하는 연속 음봉**이 출현
했고, **3분 차트**에서도 지지선을 **이탈하는 연속 음봉**이 출현했다.

이 지점에서 매도로 탈출하지 못한다면 종가까지 지속적으로 하락
하는 주가에 손실이 급격히 늘어나게 된다. 만약 중간중간 약간의 반
등에 속아 소위 **물타기**(매수 타점도 아닌 곳에서 단지 매수 단가를 낮추기 위한 추
가 매수)를 하게 된다면 손실은 걷잡을 수 없을 정도로 커지게 되어 다
음 날 매매에도 영향을 주게 되니 초강력 하락 신호가 뜨면 일단 탈출
하고 상황을 지켜보는 것이 중요하다.

지지 이탈 음봉에서
목숨걸고 매도하라!

이번에는 또 다른 강력한 하락 신호인 **지지 이탈 음봉**에 대해서 알아보자. 주가는 파동을 그리며 움직인다고 했는데, 상승 파동이 지속되려면 엘리어트 상승 파동에서 배웠듯이 주가가 직전 고점을 계속해서 돌파해야 한다. 반대로 하락 파동의 경우에는 주가가 직전 저점을 계속해서 이탈하며 만들어진다.

그러면 우리가 주식을 들고 있다면 하락 파동이 본격적으로 진행되기 전에 조기에 매도해야지만 손실을 줄이거나 수익을 지킬 수 있다는 이야기가 된다. 그런 의미에서 **지지 이탈 음봉을 파악할 수 있다면 하락 파동이 본격적으로 진행되기 전에 매도해 탈출할 수 있게 된다.**

앞에서도 설명했지만 지지와 저항에 대해 다시 설명하면, 저항으로 작용했던 가격이 상향 돌파되면 저항이었던 가격은 지지 가격이 되며 지지를 하던 가격이 하락 이탈되면 저항 가격이 된다. 즉, 지지 와 저항은 돌파와 이탈을 통해 이름만 바뀐다고 할 수 있다.

실전 사례를 통해 **강력한 하락 신호인 지지 이탈 음봉**을 알아보자.

〈한미글로벌〉의 **1분 차트**를 보면, 상승 파동이 진행되던 중 오전 11시 40분과 41분에 **27,450~27,500원 지점**(파란색 평행선)**에서 저항**을 받고 하락하다가 다시 반등해 이 지점이 돌파된 후 추가 상승을 이어 갔다. 그러던 주가가 고점 28,650원을 찍고 하락하기 시작해서 이전 에 저항이었던 **27,450~27,500원 지점**(파란색 평행선)에서 2번 지지받 은 것을 확인할 수 있다.

이렇게 저항이었던 가격이 돌파되면 이후에 지지 가격으로 변하게

된다. 그런데 오후 12시 36분에 **장대 음봉 캔들**이 출현하면서 2번 지
지받던 지점이 강하게 하락 이탈(파란색 화살표)되었다. 이러한 **장대 음
봉 캔들이 지지 이탈 음봉**이다. 이후의 흐름이 어떻게 전개되었는지
살펴보자.

이번에도 종가까지 전체적인 흐름을 파악하기 위해 **3분 차트**를 보
면, 3분 차트에서도 직전에 저항이었던 자리에서 2번 지지받던 지점
이 장대 음봉 캔들로 인해 강하게 하락 이탈(파란색 화살표)된 것을 확인
할 수 있다. 이후 주가는 반등다운 반등 없이 지속으로 급락했다.

파란색 화살표 지점에서 매도로 탈출하지 못하고 계속해서 주식을
들고 있었다면 −15%에 가까운 손실을 입을 수 있고, 물타기까지 감
행했다면 그 손실 규모는 기하급수적으로 늘어나게 된다.

또 다른 **지지 이탈 음봉** 사례를 살펴보자.

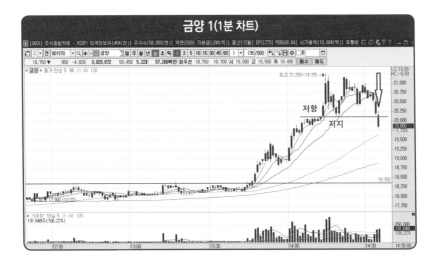

〈**금양**〉의 **1분 차트**를 보면, 오후 2시 14분 장대 양봉 캔들이 이전의 **저항 가격인 20,100원**(파란색 평행선)을 강하게 돌파하면서 추가 상승이 나왔고 이후 하락하던 주가는 저항이었던 20,100원에서 정확히 지지받고 재상승을 했다. **저항 자리가 지지 자리로 바뀐 것**이다.

이후 주가는 추가 상승을 이어가려고 했지만 매도 압력에 다시금 이전 지지 자리까지 급하게 내려왔는데 지지받을 줄 알았던 자리에서 추가로 장대 음봉 캔들이 나오면서 이 **지지 자리를 강하게 하락 이탈**했다. **지지 이탈 음봉**이 나온 것이다. 이후의 흐름을 보도록 하자.

　　지지 이탈 음봉이 출현한 이후 주가는 다이렉트로 −10% 이상 추가
하락을 했고, 약간의 반등 후 추가 2차 급락이 나온 것을 볼 수 있다.

　　이 2가지 사례에서 볼 수 있듯이, 장 마감에 임박한 시간에 지지 이
탈 음봉이 나왔을 때는 거의 예외 없이 종가까지 급락이 이어지므로
절대로 물타기를 하면 안 되고, **지지 이탈 음봉이 확인되는 즉시 무조
건 매도로 탈출**해야 한다.

　　장 초반의 경우에는 장 마감까지 시간이 많기 때문에 지지 이탈 음
봉이 나와서 급락한 이후에 다시 오후장에서 주가를 들어 올리는 경
우도 있으나, 그것은 담보할 수 없는 상황이기 때문에 **장 초반이든 중
반이든 종가 무렵이든 지지 이탈 음봉이 출현했을 때는 일단 매도로
빠져나와야 한다.**

단발성 장대 양봉은
수익실현 매도 타점

정적 VI 이전과 마찬가지로 **정적 VI 이후에 급등이 나왔을 때, 이 급등이 안정된 파동으로 우상향했는지, 아니면 안정된 파동 없이 수직으로 급등했는지 파악할 필요가 있다.** 왜냐하면, 수직으로 급등한 종목은 그 끝이 그다지 좋지 않기 때문이다.

또한 정적 VI 이후로 너무 급하게 수직으로 급등한 종목은 이후 하락 조정을 보일 때 과도한 하락 파동을 내는 경우가 많다. 보통 안정된 상승 파동을 그리는 종목은 조정을 받을 때 하락 3파 이상은 잘 안 나온다.

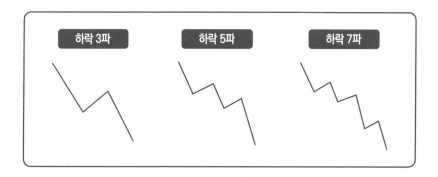

그런데 정적 VI 이후 수직으로 급등한 종목들은 이후 보통 하락 5파 이상이 나오는 게 특징이며, 하락 3파가 나오는 경우에도 하락 폭이 과도해 이전 급등의 시작점까지 하락한다. 이렇게 많은 파동을 내거나 급등 시작점까지 심하게 하락했을 때, 하락 폭이 과도해서 반발 매수세가 들어오는 경우가 있는데 이때 보통 장대 양봉 캔들이 출현한다.

이유는 직전 급등할 때 매수를 하지 못해 아쉬워하는 개인 투자자들이 장대 양봉 캔들을 나온 것을 보고 추격 매수하기 때문이다. 이러한 장대 양봉 캔들이 출현했을 때 주식을 갖고 있다면 수익실현을 하거나 손실을 줄이고 매도로 탈출해야 한다.

실전 사례를 통해 **단발성 장대 양봉**을 자세히 알아보자.

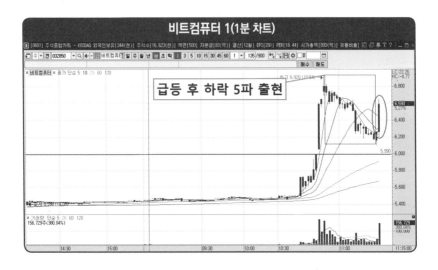

〈비트컴퓨터〉의 **1분 차트**를 보면, 정적 VI 해제 이후 주가가 안정된 파동 없이 수직으로 급등한 후에 **파란색 박스 부분**에서 하락 5파가 나오면서 과도한 조정을 받았다.

조정 폭이 과도한 탓에 반발 매수세가 들어오면서 **장대 양봉 캔들이 출현**(파란색 동그라미)했는데, 이 장대 양봉 캔들이 단발성으로 이전 급등을 아쉬워하는 개인 투자자들로 하여금 매수하도록 유인하는 캔들이라고 할 수 있다. 이후의 흐름을 보도록 하자.

단발성 장대 양봉 이후 주가 흐름

단발성 장대 양봉 캔들이 출현한 이후 주가의 흐름을 보면, 추가 상
승은 고사하고 계속해서 힘없이 하락하는 것을 확인할 수 있다. 따라
서 단발성 장대 양봉 캔들이 나왔을 때는 매수가 아닌 매도를 할 수
있는 마지막 기회라고 생각해야 한다.

이번에는 수직 급등 후 하락 3파만 나왔으나 급등 시작점까지 과도
하게 하락한 종목의 단발성 장대 양봉을 살펴보자.

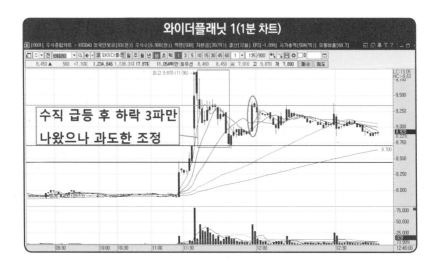

와이더플래닛 1(1분 차트)

수직 급등 후 하락 3파만
나왔으나 과도한 조정

〈와이더플래닛〉의 **1분 차트**를 보면, 정적 VI 이후 안정된 상승 파동 없이 수직 급등했고, 이후 급등에 대한 후유증으로 하락했는데 이때 하락 3파만 나왔다.

그런데 하락 3파이기는 하지만 그 하락 폭이 과도해 정적 VI 지점까지 내려왔다. 즉, 정적 VI 이후 급등의 시작점까지 주가가 급락했다고 볼 수 있다. 이후 과도한 급락에 대한 반반 매수세가 들어와 주가가 반등하면서 장대 양봉 캔들이 출현했는데, 이 장대 양봉 캔들이 바로 단발성 즉, 연속성이 없는 캔들이다.

앞에서 설명했지만, **단발성 장대 양봉 캔들이 출현했을 때는 절대로 매수해서는 안 되며 오히려 좋은 매도의 기회**로 삼아야 한다. 이후 종가까지의 흐름을 보도록 하자.

단발성 장대 양봉 캔들 출현 이후, 2번의 반등 시도가 있었지만, 단
발성 장대 양봉의 고점을 돌파하지 못하고 주가는 종가까지 계속해
서 하락하는 모습을 나타냈다.

정리하면, 단발성 장대 양봉은 직전의 급등 캔들이 절대 아니기 때
문에 매수 진입해서는 안 되며, 오히려 매도의 기회로 생각해야 한다.

이상적인 매수 후보 종목 검출
검색기 만드는 법

    Chapter 01의 5. 이상적인 장중 단타 종목 선정하는 법에서 최소한 장중 단타를 할 수 있는 후보 종목에 해당되는 조건들에 관해 설명했는데, 장중에 실시간으로 많은 종목들이 움직이다 보면 후보 종목에 해당됨에도 이를 발견하지 못해 좋은 수익 기회를 놓칠 수 있다.

    따라서 매수 후보 종목에 해당되는 조건들에 부합하는 종목들이 실시간으로 검출되게끔 검색기를 만들어놓을 필요가 있다.

    우선 검색기를 만들기 위해서는 여러 증권사 HTS 중 하나를 선택해야 하는데 여기서는 키움증권의 주식 HTS인 영웅문4를 기반으로 이상적인 매수 후보 종목을 검출하는 검색기를 만들도록 하겠다. 다른 증권사 HTS를 사용하는 독자들은 해당 HTS에도 검색기를 만들

수 있는 조건검색창이 있으므로 그것을 이용해서 만들면 된다.

그리고 당부할 말이 있는데, 지금 만들려고 하는 검색기는 이상적인 매수 후보 종목을 실시간으로 빠르게 검출하기 위한 것이지, 검색기에서 검출되는 종목을 무작정 매수해서는 안 된다. 이 검색기는 코스피와 코스닥을 합쳐 2,400여 개가 넘는 전체 종목들 중 장중 단타로 매수할 수 있는 후보 종목들을 선별해서 검출하는 것으로, 검출된 후보 종목이 지금까지 배운 매수 진입 급소에 해당될 때만 매수해야한다.

자, 그럼 검색기를 만들기 위한 검색식을 하나씩 구현해보자.

키움증권 HTS인 **영웅문4**에서 화면번호 **[0150]**를 입력하면 **[조건검색]** 창(주황색 박스)이 생성되고 여기서 **[대상변경]**(녹색 박스)을 선택해 검출에서 제외할 종목을 선택한다. 여기서 꼭 앞의 화면처럼 할 필요는 없고 본인이 자유롭게 제외시키고 싶은 종목을 선택하면 된다. 이제 본격적인 검색식을 작성해보자.

첫 번째로, 상승률은 당일 시가 대비 +10% 이상이면서 전일 종가 대비 최소 +5% 이상을 검색식으로 작성해보자.

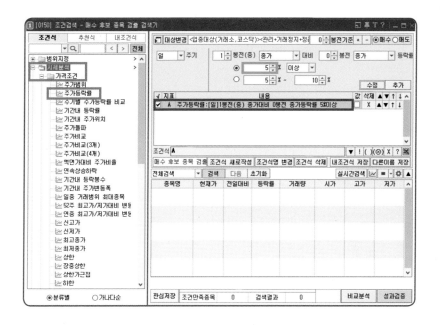

　왼쪽 풀다운 메뉴에서 **[시세분석]-[가격조건]-[주가등락률]**(주황색 박스)을 선택해서 **[일]**주기, **[1봉전]**(전일) **[종가]** 대비 **[0봉전]**(당일) **[종 가]**(실시간에서 종가는 현재가임) 등락률이 **[5]% [이상]**을 선택하고 **추가**하면, **내용**에 해당 검색식(보라색 박스)이 만들어진다. 여기서 지표 A는 첫 번째 검색식이라는 의미로 별 뜻은 없다.

　계속해서 당일 **시가 대비 +10% 이상** 상승 부분도 다음과 같이 입력하고 **추가**한다.

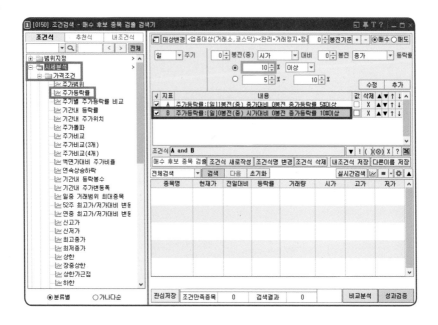

같은 **[주가등락률] 메뉴**에서 **[일]주기, [0봉전]**(당일) **[시가]** 대비 **[0 봉전]**(당일) **[종가]**(실시간에서 종가는 현재가임) 등락률이 **[10]% [이상]**을 선택하고 **추가**하면, **내용**에 해당 검색식(보라색 박스)이 지표 B로 만들어진다. 두 번째 검색식이라는 뜻이다.

창 중간 부분에 **조건식 A and B** 라고 되어 있는데 여기서 **and**는 A 조건식과 B 조건식을 동시에 만족시킨다는 의미다. 기본적으로 조건식을 추가하면 자동적으로 **and**로 묶인다. 참고로 **or**은 A 혹은 B 둘 중 하나만 만족하면 된다는 뜻이다.

두 번째로, 강한 에너지는 당일 상승률로 표현할 수도 있지만 동시에 거래량으로도 표현할 수 있으며 **하루 거래량이 최소 500만 주 이상**, 장 시작 후 장 초반에는 **최소 30만 주 이상**의 거래량을 검색식에 넣어보자.

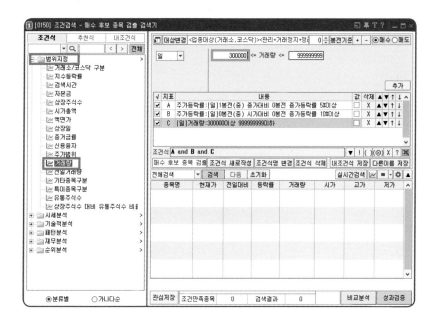

다시 왼쪽 풀다운 메뉴에서 **[범위지정]-[거래량]**(주황색 박스)을 선택해서 **[일]**주기, **[300000]**(녹색 박스) 〈= 거래량 〈= **[999999999]**을 입력하고 **추가**하면, **내용**에 지표 C로 해당 검색식이 나타나며 지표 B와 마찬가지로 **조건식에 A and B and C라고 표현**된다. 즉, A, B, C 검색식을 모두 만족시키라는 뜻이다.

여기서 **[999999999]**는 별다른 뜻이 있는 것은 아니고 거래량 상단을 무한대로 설정해놓는 것으로, 거래량이 많으면 많을수록 좋다는 의미다.

세 번째로, 1분 차트상 최소 직전 200봉 내 최고가를 찍고 눌림목 이후 재상승해 직전 최고가 대비 -3~4% 이내로 근접을 검색식에 넣어보자.

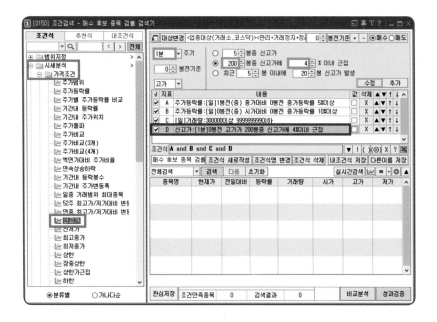

왼쪽 풀다운 메뉴에서 **[시세분석]-[가격조건]-[신고가]**(주황색 박스)을 선택해서 **[1분]**주기, **[200]봉중 신고가에 [4]%**을 선택하고 **추가**하면, **내용**에 해당 검색식(보라색 박스)이 만들어진다.

이 검색식은 일단 신고가를 찍고 다시 그 신고가에 4% 이내로 근접할 정도로 재상승하는 종목을 검출하라는 뜻이다. 장중 단타에서 추가 상승이 나오려면 1차 상승과 하락 조정을 거친 후 다시 주가가 우상향의 흐름을 보여야 하며, 그 우상향의 흐름이 너무 약해도 안 되기 때문에 직전 최고가에 어느 정도 근접한 종목을 선정해야 한다.

역시 이 검색식도 지표 D로 **조건식**에 and로 묶인 것을 확인할 수 있다.

네 번째로, 일봉 차트상 전일 '고가'를 당일 현재가가 최소 1% 이상 넘는 종목을 선정 **부분**을 검색식에 넣어보자.

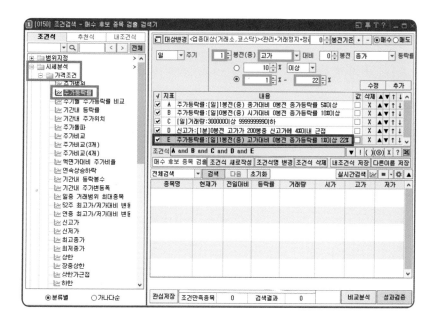

왼쪽 풀다운 메뉴에서 **[시세분석]-[가격조건]-[주가등락률]**(주황색 박스)을 선택해서 **[일]**주기, **[1봉전]**(전일) **[고가]** 대비 **[0봉전]**(당일) **[종 가]**(실시간에서 종가는 현재가임) 등락률이 **[1]% ~ [22]%**로 선택하고 **추가** 하면, **내용**에 해당 검색식(보라색 박스)이 지표 E로 만들어진다. 역시 **조 건식**에 A and B and C and D **and E**로 표시되어 **and**로 해당 검색식 이 묶인 것을 확인할 수 있다.

여기서 전일 **고가 대비 1% 이상**은 당일 **현재 가격이 전일 고가를 넘어야 한다는 뜻**이고, 전일 고가 대비 상승률이 22%까지만 해당하 는 종목을 검출하라는 뜻이다. 22%로 설정한 이유는 그 이상 올라간 종목은 그다지 추가 상승의 실익이 없기 때문으로 이 부분은 개인적 으로 바꿔서 입력해도 무방하다.

이제 여기에 몇 가지 검색식을 더 추가해 **[매수 후보 종목 검출 검 색기]**를 완성해보자.

다섯 번째로, **시가총액은 최소 300억 원 이상**이어야 한다. 너무 시 가총액이 작으면 부실주의 우려가 크기 때문이고, 시가총액 상단은 굳이 제한을 두지 않아도 된다. 가끔 시가총액이 10조 원 이상인 종 목들도 크게 상승하기 때문이다.

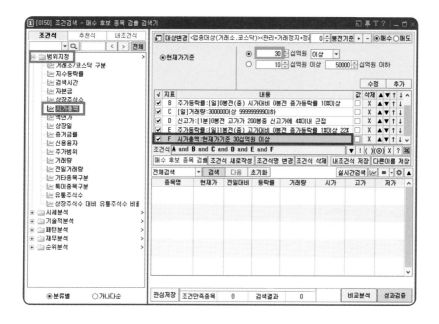

　　왼쪽 풀다운 메뉴에서 **[범위지정]-[시가총액]**(주황색 박스)을 선택해서 **[30]십억 원 [이상]**을 선택하고 **추가**하면 지표 F로 해당 검색식이 내용에 포함되며 마찬가지로 **조건식**에서 기존 조건식들에 and로 묶인 것을 확인할 수 있다.

　　여기서 주의해야 할 점은 300억 원을 입력하려고 300을 넣으면 안 된다. 뒤의 단위가 **십억 원**이므로 30을 입력해야 한다.

　　여섯 번째로, 전일 대비 당일 시가의 위치는 갭 상승이나 갭 하락이 너무 큰 것보다는 **–5%~+13%** 정도가 좋다. 이를 검색식으로 만들어 보자.

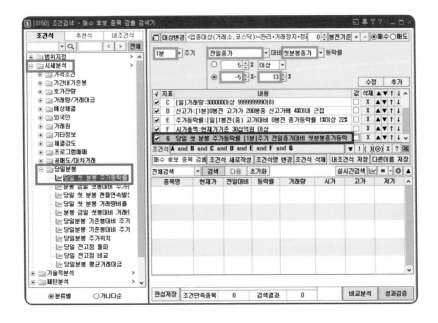

왼쪽 풀다운 메뉴에서 [시세분석]-[당일분봉]-[당일 첫 분봉 주가
등락률](주황색 박스)을 선택하고, [1분] 주기, [전일종가] 대비 [첫분봉
종가] 등락률이 [-5]%~[13]%를 입력하고 추가하면, 지표 G로 내용
에 검색식이 만들어지며 조건식에 and로 묶인 것을 확인할 수 있다.

일곱 번째로, 당일 전고점 상향 돌파 부분을 검색식으로 만들어보자.

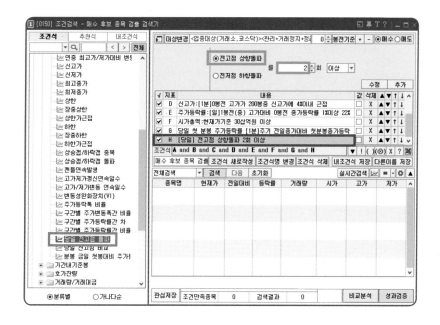

왼쪽 풀다운 메뉴에서 **[시세분석]-[가격조건]-[당일 전고점 돌파]** (주황색 박스)을 선택하고, **[전고점 상향 돌파]**를 **[2]**회 **[이상]**으로 입력하고 추가하자.

당일 전고점 상향돌파는 **주가가 뼈대 있는 안정된 상승 파동을 만들려면 최소한 전고점을 2번 이상 돌파**하는 것이 좋다.

마지막으로, 주가가 재상승을 할 때 1분 캔들이 최소 +1% 이상 움직이면 상승 시세가 다시 본격적으로 시작될 확률이 높기 때문에 이를 검색식으로 만들어보자.

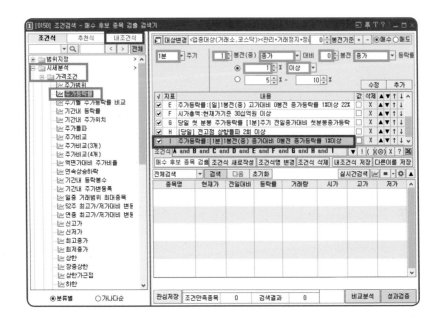

왼쪽 풀다운 메뉴에서 [시세분석]-[가격조건]-[주가등락률](주황색 박스)을 선택해서 [1분]주기, [1봉전](직전 1분 캔들) [종가] 대비 [0봉전] (현재 1분 캔들) [종가](실시간에서 종가는 현재가임) 등락률이 [1]% [이상]을 선택하고 추가하면, 내용에 해당 검색식(보라색 박스)이 만들어지고 조건식에 지표 I가 and로 묶인 것을 확인할 수 있다.

이렇게 [매수 후보 종목 검출 검색기]를 완성하기 위한 모든 조건식을 작성했다. 이제 [다른 이름 저장] 버튼을 눌러 원하는 명칭을 입력하면 [내 조건식](빨간 박스)에 저장된다. 이제 검색기를 장중 실시간으로 활용해보자.

종목명	현재가	대비	등락률	거래량	삭제	조건만족시간
다이나믹디자	13,100 ▲	1,250	+10.55	707,151	X	14:53:33
공구우먼	11,900 ▲	2,470	+26.19	12,959,953	X	14:52:40
씨씨에스	643 ▲	117	+22.24	13,417,685	X	14:51:52
삐	3,285 ▲	290	+9.68	10,267,797	X	14:51:44
넵튠	14,100 ▲	2,100	+17.50	617,979	X	14:50:47
코리아에스이	13,350 ✦	3,050	+29.61	6,533,666	X	14:48:57
화천기계	4,165 ▲	340	+8.89	5,578,309	X	14:43:37
이엔플러스	5,420 ▲	390	+7.75	12,294,820	X	14:39:17
나래나노텍	7,910 ▲	1,060	+15.47	2,782,601	X	14:31:36
동양파일	3,485 ▲	320	+10.11	5,730,236	X	14:26:59
서원	1,320 ▲	125	+10.46	2,316,941	X	13:39:52
코닉오토메이	4,455 ▲	370	+9.06	8,031,482	X	13:31:40
조연테크	686 ▲	65	+10.47	8,289,827	X	13:30:58
노터스	5,770 ✦	1,330	+29.95	35,274,576	X	13:24:19
남화토건	6,530 ▲	520	+8.65	824,457	X	13:05:46
삼표시멘트	3,545 ▲	265	+8.08	3,780,075	X	13:01:52

키움증권 HTS인 **영웅문4**에서 화면번호 **[0156]**를 입력하면, **[조건 검색실시간]** 창이 나오며 이 창에서 앞에서 만든 **[매수 후보 종목 검 출 검색기]**(녹색 박스)를 선택하면 실시간으로 검색기 조건에 맞는 종목 들이 순차적으로 검출된다.

여기서 **주목할 점은**, 검출된 종목이 더욱 상승해 검색기 조건에 부 합한다면 다시 한번 검출이 되는데, 이때 **[조건만족시간]**에는 나중에 검출된 시간만이 나오고 먼저 검출된 시간은 없어진다는 것이다. 따 라서 처음에 검출되었을 때 해당 종목을 예의 주시하면서 앞에서 배운 매수 진입 급소에 해당되는지 살펴보면서 대응해야 한다.

예를 들어, **빨간색 박스 부분**의 〈노터스〉는 오후 1시 24분 19초에 상한가에 진입하면서 검출되었는데, 이때만 검출된 것이 아니라 이 날 오전 9시 34분에 처음 검출된 후 9시 47분, 10시 14분, 11시 38분, 12시 13분에 계속해서 검출되었다. 즉, 마지막에 검출된 시간으로 업데이트된다는 것이다.

당부할 말은, 검색기는 지니의 요술램프가 아니고 2,400개가 넘는 전체 시장에서 이상적인 매수 후보 종목을 찾아주는 데 의의가 있기 때문에 검색기에 검출되었다고 바로 매수해서는 안 된다. 물론 검출된 후 바로 급등하는 종목들도 많다. 이는 매수 진입 급소에 해당되기 때문이다.

장중 단타 성공을 위한
추가 핵심 팁

시간대별 단타 공략법

이번 장에서는 장중 단타를 함에 있어 성공 확률을 더욱 끌어올리기 위한 추가 핵심 팁을 공개하고자 한다.

세력의 속임수가 많아 개인 투자자들이 특히 어려움을 겪는 장중 단타에 있어 분봉상에서의 기술적인 핵심 기법이 우선적으로 중요하지만, 이에 못지않게 아니 오히려 더욱 중요하다고 할 수 있는 핵심 팁이니 반드시 여러 번 반복해서 공부하기를 바란다.

우선 장중 단타 있어 시간대별 공략이 아주 중요하다.

주식 시장이 열리는 오전 9시부터 장이 마감하는 오후 3시 30분까지 6시간 30분을 크게 4구간으로 나눌 수 있다.

첫 번째 시간대는 장 시작 9시~9시 40분 구간이다. 이 시간대는 주식들이 하루 중에 가장 활발하게 움직이기 때문에 투자자들이 가장 집중해서 매매하는 시간대라고 알려져 있으며, 대다수가 이 시간대에서 수익을 올리지 못하면 절대 안 된다는 강한 확신(?)을 갖고 적극적으로 매매하는 시간대다.

그런데 과연 그럴까? 물론 시초가 갭 상승을 하고 첫 1분봉상 강한 장대 양봉을 뽑는 종목이나, 짧은 1차 파동 눌림 이후 직전 고점을 돌파하는 종목을 빠르게 대응하면서 매매하면, 매수 후 아주 빨리 수익실현을 할 수는 있다.

그런데 수익을 빨리 주는 종목보다는 속임수로 개인 투자자들을 고점에 몰아넣고 몰살시키는 종목들이 훨씬 더 많다는 것을 명심해야 한다.

다음 예시 종목들을 통해 자세히 살펴보자.

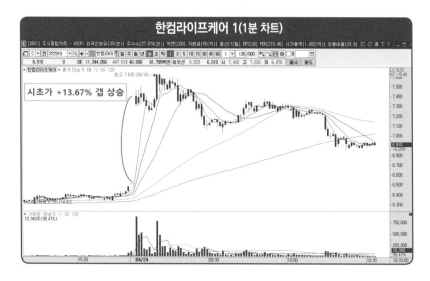

한컴라이프케어 1(1분 차트)

시초가 +13.67% 갭 상승

〈**한컴라이프케어**〉 **1분봉 차트**를 보면, 전일 시간 외 단일가에서 동사 매각 이슈로 +10% 상한가를 기록하면서 금일 **시초가 +13.67%의 갭 상승 출발했**다. 시초가 갭 상승이 이 정도면 굉장히 강한 세력이 많은 자금을 동원해 매수했다는 것을 짐작할 수 있다.

그런데 이상한 점이 1분 차트상 시가 첫 캔들이 **음봉**을 보였다는 것이고, 오전 9시 10분 전고점을 돌파하는 양봉이 나오기 전에 시초가 첫 캔들의 저가를 이탈했다가 돌파했다는 것이다. 이런 돌파가 소위 '**가짜 돌파**'이며, 돌파라면 무조건 진입하고 보는 대다수 개인 투자자들은 이런 자리에 잘 걸려든다.

장 초반 매매에서 **1분봉상 첫 캔들의 양봉 여부는 매우 중요**하며, 특히 **첫 캔들의 몸통의 절반 혹은 저가를 이탈하지 않은 상태**에서 직전 고점을 돌파해야 어느 정도 뼈대가 있는 상승 파동이 만들어졌다고 할 수 있다. 이런 점들이 확인되고 나서야 매수 진입 후 수익을 기대할 수 있다.

오전 9시 10분 직전 고점을 돌파한 이후의 흐름을 보면, 시초 갭 상승의 강한 모습과 달리 지속적으로 하락하는 것을 확인할 수 있고, 이런 점들을 알지 못한다면 하락할 때마다 소위 물타기 매수를 감행해 결국 큰 손실을 볼 수밖에 없다. 여기서 더 중요한 점은 이런 하락 흐름은 당일 장 마감할 때까지 계속 이어진다는 것이다.

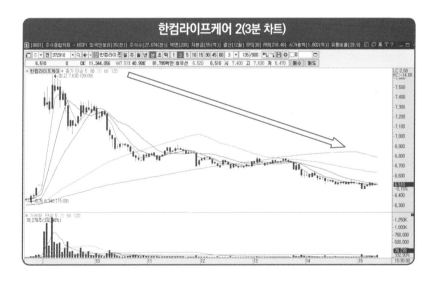

〈한컴라이프케어〉 3분 차트를 통해 장 마감까지의 흐름을 보면, 주가가 거의 반등 없이 다이렉트로 하락하는 것을 확인할 수 있다.

그럼 9시~9시 40분 시간대에서 안전하게 매수해 수익을 낼 수 있는 진짜 강한 주가의 흐름은 어떤 것이 있는지 살펴보자.

〈사피엔반도체〉의 **1분봉 차트**를 보면, 시초가 +2.87%의 갭 상승 출발해 첫 1분 캔들 **양봉** 이후 **연속적인 양봉들**로 강한 1차 상승세를 나타냈다. 장 초반 진짜 강하게 상승하는 종목의 대표적인 캔들 조합이라고 할 수 있다.

1차 가파른 상승세 이후 20분가량 완만한 하락 조정을 보였지만, 1차 상승의 **절반**에서 **지지**(suport)받으며 9시 28분 강한 장악형 장대 양봉으로 2차 상승세가 시작되었다.

이후 2차 상승세가 지속적으로 나타나며 결국 **1차 상승의 고점인**

28,050원(파란 평행선)을 더욱 강한 장대 양봉으로 **돌파**했는데, 이런 돌파가 바로 **진짜 돌파**라고 할 수 있다. 즉, 직전 고점을 살짝 돌파하는 게 아니고 큰 폭으로 돌파했을 때 진짜 돌파의 요건을 갖춘 것이다.

이 때, 매수 진입 타점은 강하게 돌파한 장대 양봉의 종가보다는 그 다음 살짝 조정을 보이는 **단봉의 음봉**에서 매수하는 것이 매수 단가 면에서 유리하고 심리적으로도 편안하다. 물론 **조정을 보이는 단봉의 음봉이라도 돌파 장대 양봉의 절반을 종가상으로 훼손해서는 안 된다.**

정리하면, 장 초반 9시~9시 40분 사이의 매매는 이런 뼈대가 있으면서 강력한 상승 파동의 종목이 나왔을 때만 매매하는 것이 좋다.

두 번째 시간대는 하루 중에 가장 핵심 시간대라고 할 수 있는 10시~11시 40분 구간이다. 이 시간대는 하루 중에 가장 안전하게 많은 수익을 많이 낼 수 있는 구간으로 매우 집중해야 한다. 예시 종목을 통해 이 시간대에서 어떤 종목을 매매해야 하는지 알아보자.

큐리옥스바이오시스템즈(1분 차트)

10시 7분 직전 고점 저항을 강하
게 돌파한 이후 연속 양봉 출현

〈큐리옥스바이오시스템즈〉의 **1분봉 차트**를 보면, 10시 7분에 이전의 강력한 저항으로 작용한 54,100원의 고점을 장대 양봉으로 강하게 돌파한 이후 연속해서 추가 장대 양봉이 나오면서 **진짜 돌파가 완성되었다.**

여기서 1차 매수 타점은 진짜 돌파가 완성된 연속 양봉 다음에 **단봉의 음봉이었다가 양봉으로 전환**되는 빨간 화살표 지점이 되며, 2차 매수 타점은 돌파 이후 1차 강한 상승세가 끝나고 완만한 조정이 끝난 주황색 화살표 지점이 된다.

강한 종목은 항상 진짜 돌파가 나온다는 것을 정확히 숙지하고, 돌파가 나왔더라도 흥분해서 빨리 진입하지 말고 항상 눌림에서 매수하는 습관을 들이는 것이 좋다.

세 번째 시간대는 12시~13시 30분 구간으로, 이 시간대는 속임수가 많은 까다로운 종목들이 주로 나오기 때문에 매매를 자제하는 것이 좋다.

네 번째 시간대는 13시 30분~15시 구간인데, 특히 2시 20분~2시 50분 사이에 매우 강력한 종목이 갑자기 출현하는 경우가 자주 있으니 수익을 극대화하기 위해서는 이 시간대를 놓쳐서는 안 된다.

〈케이피에스〉의 1분봉 차트를 보면, 대략 오후 2시 전까지 별 움직임 없던 주가가 오후 2시 직전부터 살짝 반등하다가 2시 45분에 **대량거래를 동반하며 직전 고점을 강력하게 돌파하는 장대 양봉이 출현**했다.

이후 대략 8분간 고가의 물량을 소화하는 과정을 거친 후에 오후 2시 55분 재차 직전 고점을 **대량거래 동반하며 또다시 돌파하는 장대양봉이 출현**했는데, 이때가 바로 매수 진입할 수 있는 최적인 타이밍이 된다.

실제 매수 진입은 2차 돌파가 완성된 후 다음 봉에서 살짝 조정을 보이는 아랫꼬리 지점이 매수 핵심 타점이 된다. 이후 주가는 2차 VI 2분을 포함해 총 4분 만에 상한가에 진입해 +10%가 넘는 수익을 올릴 수 있다.

이렇게 장 마감 부근에서는 강한 종목의 경우 마감까지 시간이 별로 없기 때문에 세력이 매우 급하게 급등시키는 경우가 많아 이를 잘 이용한다면 최단 시간 안에 매우 큰 수익을 올릴 수 있다.

장중 단타 성공의
추가 비밀

장중 단타 성공에 있어 기술적인 핵심 매수 및 매도 타점은 너무나 중요하기에, 반드시 숙지하고 반복적으로 많은 연습이 필요함을 강조했다.

그런데 이런 핵심 타점과 함께 성공 확률을 조금 더 끌어 올릴 수 있는 **추가 핵심팁**을 알려주고자 한다.

'장중 단타를 할 때 강한 수급을 동반한 당일의 주도주를 공략해야 성공 확률이 높다'라는 말은 많이 들어봤을 것이다. 그런데 **당일 주도주**란 구체적으로 어떤 것을 말하는 것일까?

일단 주가의 가장 기본적인 상승 동력이라고 할 수 있는 대량의 거

래량(거래대금)과 당일 상승률이 최소 +10%는 넘고 뼈대 있는 상승 파동을 보여줘야 주도주가 될 수 있는 기본 요건을 갖췄다고 할 수 있다.

여기에 한 가지 더 추가될 수 있는 핵심 요소는 바로 당일 핫한 재료(뉴스)다. 그런데 오해하면 안 되는 것은 재료 및 뉴스만 가지고 매매하면 절대 안 된다는 점이다.

그럼 당일 핫한 재료(뉴스)를 어떻게 활용하면 될까? 결론부터 말하면 위의 당일 주도주가 될 수 있는 기본 요건들을 갖추면서 재료(뉴스)가 나온 바로 그 지점을 재차 추가 상승 파동으로 돌파해야 비로소 매수 진입을 할 수 있다.

단순히 좋은 뉴스가 나왔다고 상황을 파악하지 않고 덥석 매수했다가는 당일 최고점에 매수하게 될 확률이 매우 높다.

예시 종목을 통해 자세히 알아보자.

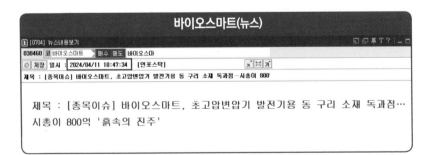

〈바이오스마트〉종목에 대해 **오전 10시 47분 구리 소재 독과점 및
주가 저평가라는 핫한 재료**(뉴스)가 나왔다. 이런 호재 뉴스에는 주가
가 무조건 강하게 반응하게 된다. 그럼 이 재료가 나온 시점에 주가의
위치 및 움직임과 매수 타점까지 살펴보자.

〈바이오스마트〉의 **3분봉 차트**를 보면, **오전 10시 47분** 강력한 호
재 뉴스가 발표된 이후 바로 급등하지 않고, 오히려 발표 순간 오르는
척하다가 밑으로 단기 급락이 나온 것을 확인할 수 있다.

단기 급락 이후 대략 2시간가량 바닥에서 횡보한 후 오후 12시 41
분에 다시 급등이 나오면서 뉴스가 발표된 지점(파란색 평행선)을 강하
게 재차 상향 돌파했고, 이후 이식 매물 소화 후 상한가까지 급등한
것을 볼 수 있다.

이렇듯 좋은 뉴스가 나와도 세력들은 따라붙은 개인 투자자들을 손절하게끔 주가를 단기 급락시킨 후에 한동안 바닥에서 횡보만 시키면서 개인 투자자들을 지쳐 나가떨어지게 한 후, 거의 대부분의 개인 투자들이 손절한 것이 확인되면 그때 주가를 다시 급등시키기 때문에 호재성 뉴스가 나왔다고 해서 바로 단기 고점에서 매수하면 낭패를 보게 된다.

따라서 호재성 뉴스가 발표되면 차분히 기다리면서 뉴스가 발표된 주가의 위치를 표시해두었다가 이 지점이 재차 돌파되면 그때 분할 매수를 해야 하며, 이때 **매수 타점**은 뉴스 발표 지점 돌파 후 단기 눌리는 지점인 주황색 화살표에서 **1차 매수**, 충분한 가격 조정 이후 뉴스가 발표된 저항이었던 지점이 강력한 지지선으로 바뀐 파란색 **평행선**에서 지지된 것을 확인한 후에 다시 상방으로 반응하고 눌리는 지점인 빨간색 화살표에서 **2차 매수**를 하면 된다.

이렇듯 호재성 뉴스로 인해 강하게 반응하는 종목을, 앞에서 계속 강조했던 핵심 매수 기법과 접목시킨다면 큰 수익을 낼 수 있는 확률이 매우 높아지게 된다.

고수가 놀면서
수익 내는 방법

장중 단타 매매는 시장이 폭락해도 '**매일**' **수익**을 낼 수 있는 최선의 방법이지만 몇 분, 몇 시간 만에 큰 수익을 올릴 수 있기에 그에 상응하는 인내력과 순간을 포착하는 집중력이 상당히 많이 필요하다.

그런데 장중 단타 매매에서 많은 수고를 들이지 않고 큰 수익을 올릴 수 있는 장중 매매 방법이 있는데 고수들은 이런 종목을 포착하면 유튜브 등을 보면서 즉, 놀면서 큰 수익을 낸다.

이 매매 방법은 큰 틀에서 보면, 눌림목 매매인데 보통 눌림목 매매의 목표 수익률이 많아야 +3~+5%인 것인데 반해, 이 방법은 **최소 +7% 이상**에서 **최대 +30% 정도**까지 수익을 낼 수 있다. 다만, 이 방법을 적용할 수 있는 종목이 매일 나오지는 않는다는 점은 감안해야 한다. (보통의 경우 +3~+5% 수익 목표의 돌파, 눌림목 매매 대상 종목은 매일 몇 종목씩 나온다.)

그럼 종목의 흐름이 어떤 경우에 이 매매 방법이 적용되는지 살펴보자.

〈삼성출판사〉의 **3분봉 차트**를 보면, 전날 강하게 상한가에 진입한 후 종가까지 상한가가 풀리지 않을 정도로 강하게 상한가에 안착했지만, 다음 날 이상할 정도로 큰 갭 하락(-6.95%)이 나왔다. 갭 하락이 나온 이후에서도 추가로 계속 하락이 나오면서 전일 종가 대비 -14.11%까지 급락했다.

이상한 일이다. 강하게 상한가가 나온 종목이 다음 날 전날 종가(상한가)를 한 번도 상회하지 못하는 경우는 흔하지 않고, 더구나 큰 갭 하락이 나온 후에 지속 하락하는 경우는 극히 드물다. 따라서 이후에 어떤 큰 변화가 일어날 것임을 짐작할 수 있다.

오전 9시 36분까지 하락하던 주가는 더 이상 하락하지 않고 약간의 반등을 동반하면서 오후 12시까지 횡보하다가 드디어 변화가 나타나기 시작했다. 오후 12시를 넘어서면서 가파른 반등이 시작되면서 당일 고가부터 저가까지 하락 폭의 절반(파란색 평행선)을 상향 돌파한 것이다. 이때 **매수 타점**은 **빨간색 화살표 지점**으로 돌파 기준 장대양봉 확인 이후 단봉의 음봉에서 매수 진입한다.

이후 흐름이 어떻게 전개되었는지 확인해보자.

이후 흐름을 보면, **빨간색 화살표 지점에서 연속적으로 장대 양봉**이 나오면서 순식간에 **+27% 이상 급등**한 것을 확인할 수 있다. 놀랍지 않은가? 지금까지 보던 장중 단타 수익과는 비교할 수 없이 큰 수익을 단 24분 만에 올릴 수 있게 되었다.

그러면 어떤 요인들로 인해 이렇게 큰 급등이 단시간에 나온 것일까?

이것은 **전날 상한가까지 급등한 이후 안착한 점**(세력 입성), **다음 날 갭 하락과 추가 급락으로 전날 상한가 따라잡기를 한 개인 투자자들 및 장중 하락에 신규 매수 후 물타기를 한 개인 투자자들을 모조리 손절시킨 점** 등이 급등의 핵심 요인이라고 할 수 있다.

참고로 세력이 주가를 급등시키는 가장 핵심 원동력은 개미의 대규모 손절이라는 점이다. 즉, 주가를 급등시키려면 가격을 계속 올려서 매수해야 하는데 이때 돈이 많이 들게 된다. 이 많은 돈은 바로 직전에 큰 손실을 보면서 바닥에 주식을 매도한 개미들로부터 온다는 점을 꼭 명심하고 이를 역이용해야 한다.

정리하면, 세력이 상한가까지 급등시킨 종목이 다음 날 이상하리만큼 빠르게 하락한 후 중요한 지점을 강하게 상향 돌파하면, 아주 쉽게 큰 수익을 올릴 수 있는 절호의 기회라는 점을 꼭 알고 있어야 한다.

매매 대상 종목 수가
적어야 하는 이유

장중 단타를 할 때 흔히들 잘못 생각하는 부분이 매매 대상 종목은 많으면 많을수록 수익이 많이 날 것이라는 것이다. 물론 수익을 올릴 수 있는 종목이 많다면 그렇게 하는 게 수익 극대화에 도움이 될 것이다. 그러나 과연 장중에 급등하는 종목을 모두 거래한다고 수익이 극대화될까?

Chapter 01에서 예시 종목으로 든 〈제주은행〉과 〈푸드나무〉를 상기해본다면 답은 정반대에 있다. 뼈대를 갖춘 안정적인 우상향 파동과 지속 상승의 에너지라고 할 수 있는 거래량(거래대금), 그리고 절정의 매수 타점을 주는 〈제주은행〉과 같은 종목들보다 단발적인 순간 급등으로 개미들을 고점에 몰아넣고 급하게 폭락시키는 〈푸드나무〉 같은 종목들이 최소 4배는 더 많이 나오기 때문에 장중 매매 대상으로 선정하는 종목은 압축해야 할 필요가 있다.

위 검색된 종목들은 전일 종가 대비 당일 고가 상승률이 **최소 +18% 이상**이었던 종목들로, 이렇게 장중에 급등이 크게 나온 종목들 중에서도 수익을 올릴 수 있는 매매 대상이 될 수 있는 안정적인 종목은 〈대원전선〉, 〈세명전기〉, 〈가온전선〉, 〈제룡산업〉의 **4종목에 불과**하다.

이렇게 당일 고가 상승률이 최소 +18% 이상인 15개 종목들 중에서도 4종목만이 매매 대상 종목이 될 수 있는데, 하물며 상승률이 그 이하인 종목들까지 모두 포함한다면 당일 매매 대상으로 선정될 수 있는 종목 수의 확률은 대략 40개 이상 종목들 중 4종목 정도로 10%

미만으로 내려가게 된다.

즉, **장중 단타가 매력적으로 단시간 내에 수익을 크게 낼 수 있는 방법임은 틀림없지만,** 그에 대한 반대급부로 수익은커녕 손실로 귀결시키는 지뢰 같은 종목들이 아주 많다는 것을 명심해야 한다. 그래서 장중 단타를 지뢰 피하기 게임으로 표현하기도 한다.

당일 거래할 수 있는 최적의 종목이 단 1종목이라도 그 종목에서 수익을 내면 된다는 마인드로 접근해야 성공 확률이 높아지며, 실제로는 안정적인 수익을 주는 최적의 종목이 무조건 3종목 이상은 매일 나오며 최적의 종목에서의 수익은 생각보다 훨씬 크다.

따라서 이 책을 반복해서 읽고 공부해 매수하려는 종목이 책에서 설명한 매매 대상 필수조건들에 해당되는지의 여부를 면밀하게 관찰하고 매매에 임해야 할 **것이다.**

누구나 성공할 수 있는
장중 단타

이 책을 구입해서 공부하고 있는 많은 분들 중에는 주식 장중 단타를 새롭게 시작해보려는 분들도 있겠지만, 지금까지 장중 단타를 계속해왔는데 이렇다 할 만한 성과를 얻지 못해서, 혹은 지금까지 계속 손실만 보고 있어서 이를 타개하려는 분들이 더욱 많을 것이라 본다.

물론 장중 단타 경험이 있는 분들 중 대부분은 매일 손실이 나기보다는, 수익을 내는 날이 며칠 되다가 어느 날 며칠 혹은 몇 달 수익 낸 것을 하루 만에 모두 까먹는 상황을 반복하고 있을 것이다.

그것은 메타인지의 문제로 볼 수 있다. 즉, 자기 객관화가 먼저 필요하다. 내가 무엇을 잘하고 못하는지 면밀하게 분석해서 내가 못하는 매매를 하나씩 줄여나가야 한다.

매매 경험이 어느 정도 쌓이게 되면 통계를 낼 수 있다. 내가 어느 시간대에서 손실을 잘 보는지, 어떤 패턴에 잘 당하는지 등, 이런 것들이 발견되면 이런 종목 구간에서는 절대 매매하지 말아야 한다. 그래서 매매일지를 매일 작성하는 것이 필요한데, 매매일지를 작성한다고 해도 내가 하지 말아야 할 실수를 계속 반복한다면 절대 발전은 없다.

생각보다 장중 단타 매매 기간이 3년 이상임에도 발전이 없는 투자자들이 많다. 이것은 자기가 하지 말아야 한 종목 구간에서 욕심 때문에 진입해서 어렵게 벌어놓은 수익을 아주 쉽게 다 반납하고 오히려 그 이상 손실을 반복적으로 내기 때문이다.

물론 최적의 종목과 최적의 매수 타이밍을 잘 선정해도 수익이 적을 때가 있다. 이것은 시장의 문제이지, 매매 기법의 문제가 아니다. 즉, 준비가 안 된 상태에서 과도한 욕심 때문에 항상 제자리걸음을 하는 것이다.

결론은, 핵심 기법도 중요하고 심법도 중요하지만 자기 객관화 작업이 반드시 선행되어야 하며, 이를 통해 적은 수익에도 감사하면서 차근차근 수익을 쌓아가는 단계를 밟아나아간다면 누구나 장중 단타라는 매력적인 세계에서 성공할 수 있다.

시장이 폭락해도 주식으로
'매일' 수익 내기

제1판 1쇄 2024년 7월 17일

지은이 최익수
펴낸이 한성주
펴낸곳 ㈜두드림미디어
책임편집 최윤경
디자인 노경녀(nkn3383@naver.com)

㈜두드림미디어
등 록 2015년 3월 25일(제2022-000009호)
주 소 서울시 강서구 공항대로 219, 620호, 621호
전 화 02)333-3577
팩 스 02)6455-3477
이메일 dodreamedia@naver.com(원고 투고 및 출판 관련 문의)
카 페 https://cafe.naver.com/dodreamedia

ISBN 979-11-93210-87-1 (03320)